军队"2110工程"三期建设教材

舰船核动力系统控制原理

余刃　宋超　编著

国防工业出版社

·北京·

内 容 简 介

本书以船用压水堆核动力系统为主要对象,兼顾电站核动力系统,在核反应堆及其动力装置主要设备的传递函数、动态特性和稳定性分析的基础上,全面介绍了核反应堆功率控制、安全保护控制,以及核动力装置一、二回路主要工艺系统与设备过程控制的原理、方法、构成和实现途径。最后,以第三代核电机组为例,介绍了核动力先进仪表与控制系统的技术发展。

本书可作为高等院校核工程与核技术以及核动力工程专业的本科生教材,也可供从事相关专业的工程技术人员参考使用。

图书在版编目(CIP)数据

舰船核动力系统控制原理/余刃,宋超编著. —北京:国防工业出版社,2016.1
ISBN 978-7-118-10507-0

Ⅰ.①舰... Ⅱ.①余...②宋... Ⅲ.①军用船 – 核动力装置 – 控制系统 Ⅳ.①U674.7

中国版本图书馆 CIP 数据核字(2015)第 259596 号

※

*国防工业出版社*出版发行

(北京市海淀区紫竹院南路 23 号 邮政编码 100048)
北京奥鑫印刷厂印刷
新华书店经售
*
开本 787×1092 1/16 印张 10 字数 227 千字
2016 年 1 月第 1 版第 1 次印刷 印数 1—2000 册 定价 45.00 元

(本书如有印装错误,我社负责调换)

国防书店:(010)88540777　　发行邮购:(010)88540776
发行传真:(010)88540755　　发行业务:(010)88540717

前　言

核动力装置是高度自动化的系统,各个分系统和设备的安全有序运行,必须依靠自动控制技术来实现。核动力装置运行过程中,人们主要通过各种控制系统实现对核动力装置各系统和设备的操纵与控制,各种控制系统对核动力装置的安全运行具有决定性作用。

核动力装置复杂,各个分系统和设备的构成、动态特性、控制与运行方式各异。船用核动力装置与核电站有许多共性的地方,但由于其应用的特殊性,使得其在控制原理和方法上有很鲜明的特点,其控制技术也在不断发展进步中。为适应我国船用核动力事业发展对高级专业人才培养的需要,编撰本书。

本书重点介绍船用压力堆核动力装置,同时兼顾电站核动力装置。在内容编排上,除了介绍核反应堆的功率控制相关知识外,考虑到一、二回路工艺系统与设备的控制,以及核安全保护控制等,是构成核动力控制系统不可缺少的部分,本书还全面、系统地介绍了核动力装置的安全保护控制,以及一、二回路工艺系统与设备的控制原理、方法和实现技术等相关知识。

本书第 1 章概要介绍船用核动力装置控制的特点、任务和要求,以及核动力控制系统的基本组成和结构、发展历程和未来发展趋势。第 2 章在建立核反应堆及其动力装置主要系统设备数学模型的基础上,分析了其各自的动态特性,并对整个核动力装置的内部反馈和耦合机理进行了分析。第 3 章分析了核动力装置的稳定性。第 4 章详细介绍了核反应堆功率控制的原理、方法,以及功率控制系统的组成与实现技术。第 5 章针对核动力装置一、二回路的主要工艺系统和设备,介绍了各过程控制系统的原理、方法和组成,包括稳压器压力水位控制、蒸汽发生器水位控制与蒸汽排放控制、主冷却剂泵控制、一回路辅助系统工艺过程控制、主冷凝器水位与过冷度控制等。第 6 章介绍了核动力装置安全保护控制的原理、方法和组成。第 7 章以 AP1000 核电机组为例,概要介绍了先进核动力仪表和控制技术的特点与发展。

本书可作为高等院校核工程与核技术以及核动力工程专业的本科生教材,也可作为从事船用核动力仪表与控制系统设计、维修的工程技术人员,以及核动力装置运行操纵人员的参考书。

由于作者学识有限,经验不足,书中错误和不妥之处在所难免,恳请读者批评指正。

作者
2015 年 10 月

目　　录

第1章　绪论·· 1

1.1　核动力装置控制的任务和要求··· 1

1.1.1　船用核动力装置的特点·· 1

1.1.2　核动力装置控制系统的任务和要求·· 2

1.2　船用核动力装置控制系统的基本组成和结构··· 4

1.2.1　船用核动力装置控制系统的基本组成·· 4

1.2.2　船用核动力装置控制系统的体系结构·· 4

1.3　核动力装置控制系统的发展历程与趋势··· 7

第2章　核动力装置传递函数与特性·· 10

2.1　反应堆核动力学模型与特性··· 10

2.1.1　集总参数分析方法··· 10

2.1.2　反应堆点堆动力学方程··· 11

2.1.3　反应堆核动力学传递函数··· 13

2.1.4　反应堆频率特性分析··· 18

2.1.5　影响反应堆反应性的主要因素·· 21

2.1.6　反应堆核动力学特性分析··· 22

2.2　核反应堆热动力学模型与特性·· 23

2.2.1　热动力学方程的建立··· 24

2.2.2　反应堆热动力学系统传递函数·· 25

2.2.3　反应堆热动力学特性分析··· 26

2.3　蒸汽发生器动力学模型与特性·· 28

2.3.1　假设·· 28

2.3.2　蒸汽发生器热动力学方程与传递函数··· 28

2.3.3　蒸汽发生器水位特性··· 30

2.4　冷却剂管道动力学模型与特性·· 35

2.5　反应堆及蒸汽发生器进出口混合效应动力学模型与特性···························· 36

2.6　核动力一回路系统的传递函数与特性·· 38

2.6.1　一回路系统的内部反馈··· 38

2.6.2　核动力装置系统的耦合机理分析··· 39

第 3 章　核动力装置稳定性分析 ·· 41

3.1　动态系统的稳定性 ·· 41

3.2　核动力系统冷却剂温度反馈回路分析 ·················· 42

　　3.2.1　温度反馈回路开环特性 ·································· 43

　　3.2.2　温度反馈回路特性 ·· 44

3.3　反应堆温度反应性反馈回路分析 ·························· 44

　　3.3.1　温度反应性反馈回路分析 ······························ 44

　　3.3.2　压水堆核动力系统的自稳自调特性 ·············· 49

第 4 章　反应堆功率控制 ·· 52

4.1　反应堆功率控制原理与方法 ································ 52

　　4.1.1　反应堆功率控制原理 ······································ 53

　　4.1.2　反应堆功率控制的基本方法 ·························· 54

　　4.1.3　反应堆功率控制系统的基本要求 ·················· 56

4.2　核动力装置的稳态运行方案 ································ 56

　　4.2.1　稳态运行方案的概念 ······································ 56

　　4.2.2　反应堆进、出口平均温度恒定的稳态运行方案 ···· 57

　　4.2.3　二回路蒸汽压力恒定的稳态运行方案 ·········· 59

　　4.2.4　折中方案 ·· 59

　　4.2.5　考虑一回路冷却剂流量的控制方案 ·············· 60

4.3　核动力装置的负荷调节方案 ································ 62

　　4.3.1　机跟堆的运行方式 ·· 62

　　4.3.2　堆跟机的运行方式与负荷调节方案 ·············· 63

　　4.3.3　快速降功率和紧急停堆的控制 ······················ 65

4.4　反应堆功率控制系统 ·· 65

　　4.4.1　反应堆功率控制系统的组成与工作方式 ········ 65

　　4.4.2　控制棒驱动机构 ·· 67

　　4.4.3　棒控系统 ·· 70

　　4.4.4　反应堆功率自动调节装置 ······························ 75

　　4.4.5　棒位测量与指示系统 ······································ 78

第 5 章　核动力装置过程控制 ·· 81

5.1　概述 ·· 81

　　5.1.1　核动力装置过程控制系统的功能 ·················· 81

　　5.1.2　过程控制系统的一般要求 ······························ 81

　　5.1.3　过程控制系统的组成 ······································ 84

5.2 稳压器压力控制 ·· 85
   5.2.1 稳压器压力控制的基本原理 ···················· 85
   5.2.2 船用核动力装置稳压器压力控制系统 ·········· 86
5.3 稳压器水位控制 ·· 89
   5.3.1 水位定值恒定的控制方式 ······················ 89
   5.3.2 水位定值变化的控制方式 ······················ 90
5.4 一回路主冷却剂泵控制 ·································· 92
   5.4.1 主泵控制系统功能 ···························· 92
   5.4.2 系统组成与工作方式 ·························· 93
   5.4.3 工作原理 ···································· 93
5.5 一回路辅助系统工艺过程控制 ······················ 97
   5.5.1 余热排出过程控制系统 ························ 97
   5.5.2 净化过程控制系统 ···························· 98
   5.5.3 安全注射过程控制系统 ························ 99
   5.5.4 补水过程控制系统 ···························· 99
   5.5.5 设备冷却水过程控制系统 ···················· 100
   5.5.6 应急控制 ·································· 100
5.6 蒸汽发生器水位控制 ···································· 101
   5.6.1 概述 ·· 101
   5.6.2 船用蒸汽发生器水位控制系统 ················ 102
5.7 蒸汽排放控制 ·· 105
   5.7.1 概述 ·· 105
   5.7.2 控制系统组成 ································ 106
   5.7.3 控制系统工作原理 ···························· 107
5.8 主冷凝器水位与过冷度控制 ·························· 108
   5.8.1 概述 ·· 108
   5.8.2 主冷凝器水位控制系统 ························ 108
   5.8.3 主凝水过冷度控制系统 ························ 109

第6章 反应堆安全保护系统 ······························ 111

6.1 概述 ·· 111
   6.1.1 反应堆安全保护系统的功能 ·················· 111
   6.1.2 安全保护系统的保护参数 ···················· 112
   6.1.3 安全保护系统的保护方式 ···················· 114
   6.1.4 安全保护系统的范围及基本结构 ·············· 115
   6.1.5 安全保护系统的一般要求 ···················· 116
6.2 反应堆安全保护系统设计准则 ······················ 117

  6.2.1 安全保护系统的可靠性 ·· 117

  6.2.2 安全保护系统的设计依据 ·· 118

  6.2.3 安全保护系统的设计准则 ·· 118

 6.3 保护系统设计的典型结构 ··· 122

  6.3.1 单通道安全保护系统 ··· 122

  6.3.2 冗余安全保护系统 ··· 122

  6.3.3 冗余总体符合逻辑安全保护系统 ································· 123

  6.3.4 冗余局部符合逻辑安全保护系统 ································· 125

 6.4 船用压水堆安全保护系统 ··· 127

  6.4.1 保护方式与保护参数 ··· 127

  6.4.2 组成与结构形式 ·· 128

  6.4.3 反应堆超功率保护 ··· 129

  6.4.4 反应堆短周期保护 ··· 130

  6.4.5 冷却剂流量信号处理及断流保护 ································· 130

  6.4.6 反应堆出口超温保护 ·· 130

  6.4.7 低压保护 ·· 131

  6.4.8 保护连锁 ·· 131

 6.5 信号报警装置 ··· 132

  6.5.1 信号报警装置的用途 ·· 132

  6.5.2 对信号报警装置的要求 ·· 132

  6.5.3 船用核动力信号报警装置 ··· 132

第7章 核动力先进仪表与控制技术 ·· 134

 7.1 概述 ··· 134

  7.1.1 先进 I&C 系统的优势 ··· 135

  7.1.2 先进仪控系统的主要硬件技术 ···································· 137

  7.1.3 核动力先进 I&C 系统中的信息处理技术 ······················ 140

 7.2 先进压水堆核电厂控制技术 ·· 142

  7.2.1 先进压水堆核电厂 AP1000 简介 ································ 142

  7.2.2 AP1000 先进压水堆的控制 ······································ 143

  7.2.3 AP1000 数字化仪表与控制系统 ································· 145

参考文献 ··· 152

第 1 章　绪　论

在核动力工程领域，通常将实现核能到热能、机械能和电能转换的能量转换体系称为核动力装置。它是核电站和船用核动力系统的主体，通常主要由核反应堆、一回路系统、二回路系统和相应的辅助系统与设备组成。

船用核动力装置以原子核裂变能作为推进动力的来源，它包括核反应堆、为产生动力推动舰船前进所必需的有关设备，以及为保证装置正常运行，并且不会对人员健康和环境安全造成特别危害的结构、工艺系统和部件。

1955 年 4 月，世界上第一艘核动力舰船，美国核潜艇"鲹鱼"号正式下水服役。这是世界上的第一个船用核动力装置。从那时起到现在，世界上已先后有近十个国家建造了约 500 艘采用核动力推进的潜艇、水面舰艇、客货商船、矿砂船、破冰船等，相继游弋在宽阔的海洋上了。事实充分说明，船舶在使用核动力装置以后，船舶推进能源就又进入了一个崭新的阶段。可以肯定，随着核能事业的发展，大规模建造核动力舰船，将会成为有关各国造船业今后十分关注的发展方向。

在工业生产过程中，经常要求某些物理量(如温度、压力、流量、功率、频率、物料成分比例等)保持不变，或者要求按照给定的规律变化。所谓自动控制就是在没有人直接干预的情况下，通过控制装置使被控制对象(如机器、设备或过程)的物理量(或工作状态)自动地按照预定的规律运行。

随着科学技术的不断发展，自动控制技术所起的作用越来越重要，自动化的水平也越来越高。自动控制技术广泛应用于工农业生产、交通运输、国防和航空航天等各个领域。在核工程领域中，自动控制技术具有更特殊的地位，核能和核应用技术的发展离不开自动控制理论的发展和自动控制技术的广泛应用。没有自动控制，人们对反应堆中的核反应就无法控制，人类对核能的和平利用也就无法实现。

本章概要介绍核动力装置控制的特点、任务和要求，以及核动力控制系统的基本组成和结构、核动力控制的发展状况和未来趋势。

1.1　核动力装置控制的任务和要求

1.1.1　船用核动力装置的特点

核动力装置是一个复杂且具有严格安全性要求的大型工程系统。电站核动力装置在正常运行时，普遍采用带基本负荷的运行方式，不需频繁变化功率。船用核动力装置需要在海上航行，经常变换航速，船体空间有限。因此，与陆上核动力装置相比较，船用核动力装置具有运行空间狭小、负荷变化范围大、机动性要求高、保障困难等特点不仅要求具有灵活而又快速的负荷跟踪特性，而且要求高度安全可靠。影响核动力装置动态性能的因素除了内在结构特性外，还与装置的运行方式及运行工况、外部条件和控制方法等因素有关。因此对船用核动力装置的控制有比电站核动力装置更高的要求。

船用核动力系统的典型结构组成如图 1.1 所示。

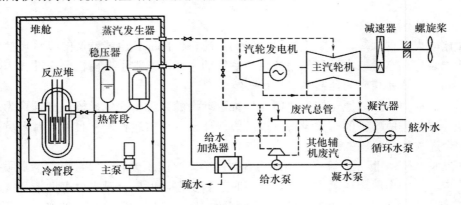

图 1.1　船用核动力系统的典型结构组成

核裂变发生在堆芯内的燃料元件中，裂变能在其中转换为热能，传输到堆芯冷却剂中，通过一回路冷却剂的流动将堆芯内的热量带出，并在蒸汽发生器中将热量传递给二次侧水，产生蒸汽，驱动汽轮机，带动螺旋桨或发电。因此，船用核动力装置的主要任务是实现核能向热能，进而向机械能和电能的转换，其工艺原理和过程复杂，并且是具有放射性的特殊对象。

1.1.2　核动力装置控制系统的任务和要求

要利用核反应堆裂变过程中产生的中子和能量，首先必须能够启动、停闭反应堆，并维持核反应堆中链式裂变的持续进行，同时又能够改变链式裂变反应的强弱，并维持各种运行参数在安全限值范围内。这些都需要采用相应的控制手段来实现。

不论是电站还是船用核动力装置，为了保证安全、可靠和经济地实现核能的利用，核动力系统中除了必要的用于能量传递和转换的工艺系统和设备外，都设置有仪表和控制系统(Instrument & Control System，简称 I&C 系统)。仪控系统主要用于实现核参数和工艺过程参数的测量，以监测核动力系统的运行状态；驱动不同的控制机构，以改变核动力系统的运行状态；保护核动力装置，防止运行参数偏离正常值而导致事故的发生，并限制和缓解事故发生后产生的后果。具体包括以下几方面基本功能：

(1) 实现对核动力装置启堆、带负荷运行和停堆的操纵与控制，使核动力装置在各种正常运行工况下，控制对安全具有重要影响的变量，使它们维持在设计规定的正常运行限值内，以保证核动力装置的运行安全。

(2) 实现对输出功率的调节控制，满足负荷的要求。

(3) 通过对工艺流程中各种设备的操纵控制，实现对各种过程参数的控制，使核动力装置正常有效地运行。

(4) 当重要参数超过限值时，及时发出报警，并在必要时产生合适的保护动作，保证核动力装置的安全，防止设备损坏和放射性物质向环境的泄漏。

(5) 实现对各种运行参数的采集和显示，向操纵员提供核动力装置运行所需的完整而准确的信息，使他能正确地监督核动力装置的运行状况。

可以看出，核动力装置仪控系统作为核动力系统中的信息化装备，协调着系统内各装置设备的有序工作，并按照要求实现能量的转换和输出。其在核动力装置运行过程中，发挥着重要作用：

(1) 仪控系统是操作员的"眼、耳和神经"，也是"手"的延伸。为操作员提供准确而适当的核动力装置运行状态信息，并在正常和异常运行工况时为操纵员介入运行提供手段。

(2) 仪控系统在核动力系统正常运行时，为各系统提供各类自动控制的手段及监视信息，减轻操纵员的负担，并保证核动力装置能安全、可靠和经济地运行。

(3) 仪控系统在核动力系统异常状态时，为保证核动力系统及环境的安全提供快速自动保护功能，防止与缓解操纵员的失误或核动力系统设备故障而导致的后果。

核动力装置仪控系统的作用如图 1.2 所示。

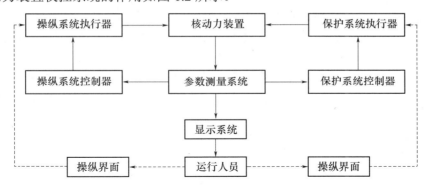

图 1.2　核动力装置仪控系统的作用示意图

核动力装置控制系统是影响核动力装置运行安全性的重要系统之一。根据控制设备对安全性的重要程度，一般将仪表和控制系统的设备分为两类，即安全重要设备(1E 级设备)和非安全重要设备(NS 级设备)。

(1) 安全重要设备：是核动力系统的电气设备和系统的一个安全级别。1E 级设备是完成反应堆紧急停堆、安全壳隔离、堆芯冷却，以及从安全壳和反应堆排出热量所必需的，或者是防止放射性物质向环境大量排放所必需的设备。在合格寿命期内，在正常运行和发生设计基准事故(Designed Basic Accident, DBA)之中、之后这类设备应能保持其安全功能。

(2) 非安全重要设备：这类控制仪表及其供电设备，在实现或保持核动力装置安全方面无明显作用。

1.2 船用核动力装置控制系统的基本组成和结构

1.2.1 船用核动力装置控制系统的基本组成

根据各控制系统的控制对象和作用，船用核动力装置控制系统总体上可分为一回路控制系统、安全保护控制系统、二回路控制系统三大部分。

1. 一回路控制系统

一回路控制由反应堆功率控制系统和一回路过程参数控制系统组成。

核反应堆功率控制系统实现对核反应堆功率的控制，使得输出的核功率能够跟踪负荷功率的变化，并满足动态和静态指标要求。主要由棒控系统和功率自动调节装置组成，有手动和自动两种控制方式。

一回路过程参数控制系统实现对一回路主冷却剂系统与各辅助系统工艺流程的控制，使得各工艺流程和相应的温度、压力、流量和水位等热工水力参数能够满足安全运行的要求。

2. 安全保护控制系统

安全保护系统的功能是在设备故障、误操作或其他不正常状态下，监督反应堆的异常状态，产生与保护动作有关的必要信号，防止反应堆运行状态超过规定的安全限值或减轻超过安全限值所造成损坏和损坏后果。

当反应堆出现异常，但还不至于马上危及反应堆安全时，为确保反应堆连续运行，安全保护系统可发出警告信号，提醒操作人员注意；当反应堆保护参数超过设定保护定值，将危及到反应堆安全时，安全保护系统能立即停闭反应堆，确保反应堆的安全；当出现超出停堆保护能力的事故时，安全保护系统能启动相应的专设安全设施，缩小事故范围和防止放射性污染；当反应堆运行达到某种状态时，安全保护系统允许手动或自动闭锁某些保护动作，防止系统误动作。

3. 二回路控制系统

二回路控制系统实现对二回路系统设备和工艺流程的控制，使得各设备和工艺流程能够安全运行，并满足动态和静态指标要求。

船用核动力装置的二回路控制系统主要由汽轮机控制系统、蒸汽发生器水位控制系统、蒸汽排放控制系统、主冷凝器水位与过冷度控制系统、主抽汽器冷却水量控制系统、乏汽压力控制系统、辅蒸汽压力控制系统、滑油与调节油控制系统、辅冷凝水过冷度和水位控制系统，以及海水和轴系控制系统等组成。

另外，船用核动力装置的综合控制系统还包括综合管理系统，实现对所有运行参数的数据采集、传输、存储、显示、报警、堆舱视频监视、综合供电等，并提供操作界面。

1.2.2 船用核动力装置控制系统的体系结构

核动力装置仪控系统是核动力装置的神经网络和大脑中枢，运行人员要求实现对核动力装置的有效控制，上述控制系统必须能够互相交换信息，密切配合，构成一个有机的整体。由于核动力装置的复杂性,使得核动力装置仪控系统是一个典型的集散式控制系统,并向着分布式和现场总线控制系统的体系结构发展。

1. 控制系统总体体系结构

船用核动力综合控制系统普遍采用集中管理、分散控制的体系结构。其总体体系结构和组成如图 1.3 所示。一般分为三层,即输入输出层、控制与保护层以及运行管理层。

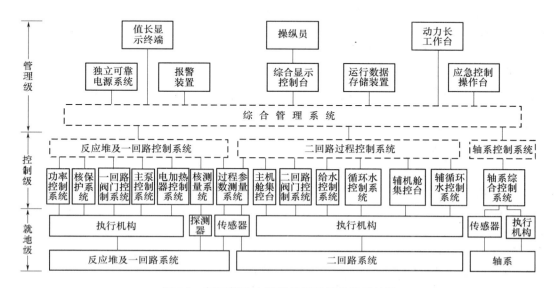

图 1.3　船用核动力装置仪控系统的体系结构

输入输出层由就地级设备组成,主要包括各种传感器、测量变送器、电气控制设备和执行机构,实现对各被控对象运行参数的测量和控制指令的执行,由各种传感器和执行机构组成,安装于被控对象上或附近。

控制与保护层设备,主要实现接收传感器得到的测量信号并进行适当处理后,传输至上一级设备;同时,根据上一级的操作指令,或通过自动控制器,产生相应的控制或保护信号,作用于各执行机构,产生控制动作。这一级设备主要安装于主控制室或其他各舱室。

运行管理层设备提供系统的人机接口,主要用于对所有的运行数据进行管理,并集中显示给运行人员,同时向运行人员提供操作界面,使其能够发出操作指令。这一级设备主要安装于各控制室,是核动力装置运行操纵的主要人机接口设备。

三级控制设备彼此之间通过信号电缆或网络进行连接,实现信息的传输和交换。

2. 船用核动力系统的主要控制部位

一般而言,船用核动力系统的操纵控制部位设置有:动力单元主控室、应急控制室(或部位)、各舱室控制站、驾驶室动力监视指挥部位,以及就地操控台盘等,实现在正常和应急情况下对整个核动力系统的监视、操控与指挥。此外,如果采用的是全数字控制系统,则通常在主控室还设置一套模拟控制表盘作为全数字控制系统的备份,用于应急操纵。

5

信息的显示通常采用大屏幕显示器，单个参数的显示应采用读数准确直观性强的显示仪表，如光柱式数字显示仪表。状态和报警信号采用指示灯显示。

操作动作的输入通常采用操作开关、按钮与显示器软操作界面相结合的方式实现。各种操作界面都应充分考虑防误操的措施，以及操作的便捷性。对于需要快速反应的操作动作，通常同时在操作台屏上设置直接操作手段。

1) 主控制室

主要实现对整个核动力系统运行情况的全面集中监视和操纵控制。通常应包括一回路系统控制台、二回路系统控制台、电力系统控制台、剂量监测系统控制台等。

主控制室中布置有核动力系统主要的监控设备。这些设备的布置应既便于操作、管理和维修，又尽可能地为操纵人员创造一个良好的环境，使操纵人员能长期最大限度地发挥其操作管理水平。

综合显示控制台上的操作开关、按钮的布置按系统和设备分区相对集中布置。为了便于区分，位于各区的开关和按钮分别采用不同的颜色进行，并与设备编号一一对应。

2) 应急控制室(部位)

主要用于在主控制室功能失效的情况下，实现核动力系统的安全运行和停堆，有效导出衰变热。在应急控制室(部位)，至少应包括停堆控制，以及对主冷却剂泵、余热排除系统等的控制功能和反应堆出口温度、稳压器压力和水位等安全关键参数的监视功能，以便保证在主控制室功能丧失的情况下，能够安全停堆，并导出衰变热。

3) 各舱室控制站(部位)

实现对主机舱、辅机舱设备的集中监控。分别设置相应的集中控制台等。

各舱室控制站的功能与主控制室的相关功能互为备份和相互补充。正常情况下以主控制室集中操控为主，以方便对动力系统设备的集中操作管理。

4) 驾驶室动力指挥部位显示台

用于在驾驶室的动力指挥部位显示重要运行信息，供动力指挥员监视动力系统中的重要运行信息，并发出指挥命令。

5) 就地操控台盘

在重要设备和部位分别设置就地操控台盘，用于对这些重要设备的就地手动操作。

3. 核动力系统控制的基本要素

一般的，实现对核动力系统的控制，必须具备以下几个部分：

(1) 测量与指示:用于随时掌握核动力系统与设备各主要参数的现状。例如：中子注量率或功率、温度、压力、流量等。在此前提下，才有可能做出正确的判断，从而采取相应措施来有效地控制反应堆。这些参数是通过核变量和热工变量的测量系统来获得的。

(2) 控制系统:根据测量系统的指示与期望得到的参数值进行比较、判断，然后，按某种要求来确定出控制参数变化的规律。

确定控制参数变化规律的方法可以是运行人员自身，这称为手动控制系统。而用一套仪器设备代替人的功能，这就称为自动控制系统。后者不仅减轻了运行人员的劳动强度，更重要的是能提高控制的准确性和速度，能完成更加完善、更加复杂的控制。

(3) 执行机构:将控制指令转化为驱动作用，实现对被控对象的操作。例如，对控制棒来说，就是控制棒驱动机构，包括控制电机、传动机械和控制棒本身。有时，也指逻辑电路。

(4) 功率放大装置：控制器的控制信号往往是低功率的电信号，无法驱动执行机构动作。因此，通常需要在控制系统和执行机构之间设置功率放大环节。

在核动力装置中，还较其他对象多了一种称为安全保护控制的要素。对核动力装置来说，安全必须被放在非常突出的地位上。而在确保安全的前提下，特别是船用核动力装置，并不希望频繁地停堆。所以，有必要对事故加以分类。重者停堆；轻者发出声、光信号，提醒操纵人员注意，以便采取措施排除故障，使反应堆继续正常工作。

1.3　核动力装置控制系统的发展历程与趋势

核动力装置控制系统的发展是与电子技术、计算机技术和网络技术的发展紧密关联的，大致经过了三个阶段。

1. 以常规模拟控制组合单元仪表为主的控制系统

控制系统主要由以运算放大器为基础的功能元件以及继电器等硬逻辑电路构成。因而，系统所需要的仪表器件数量多，运行操作管理和维护工作任务重，主控室较大。

我国 300MW 秦山一期核电站控制系统采用 FOXBORO 公司的 SPEC200 组装仪表，大亚湾 2X980MW 核电站控制系统采用的 Baily9020 系统，以及早期的船用核动力装置控制系统都属于这一类。

2. 以模拟控制和数字控制混合运用的控制系统

这一阶段的控制系统采用数字控制技术对原有模拟控制系统进行局部升级改造，是模拟控制加上数字式集散控制系统(DCS)。除模拟控制以外，数字控制则依托以大规模集成电路为基础的数字技术、网络通信技术、CRT 显示技术等。利用这些先进技术形成模拟控制、逻辑控制以及系统保护等综合考虑的集散型控制系统，特点是系统所需仪表数量大为减少，大量采用硬件和软件自诊断技术、冗余技术，提高了系统运行可靠性，局部采用网络通信技术，使数据管理更加科学和方便。

广东岭澳核电站(2X980MW)控制系统属于这一类。其中核岛 KIT/KPS 系统采用的是法国的 4100 系统，常规岛采用的 DCS 系统是法国 Cegelec 公司 ALSPA P320。秦山二期 2X600MW 核电站，常规岛部分选用的是国产的 DCS 系统。

目前的船用核动力装置控制系统基本上都属于这一类，只是数字化程度不同。

3. 一体化数字式控制系统

随着控制技术、计算机技术、通信技术以及显示技术的发展，计算机被广泛应用到核动力系统的监测、控制和保护中，构成核动力系统的集散型分布式数字控制系统，其特点是分散控制、集中管理，具有极强的数据处理和通信能力，可以方便地实现复杂控制方法，并可方便地实现信息共享和利用。

在核电站领域内，代表这一最新技术水平的控制系统有:美国 AP1000 核电站的 Ovation 和 CommonQ 集散控制系统，德国西门子的 TELEPERM XS+XP 系统，日本日立等公司开发的 NUCAMM-90 系统，法国法马通公司 N4 控制系统，美国燃烧工程公司 ABB 公司的 NUPLEX80+系统，美国西屋公司的 Eangle21(或 Advant)+WDPFII 系统等。AP1000 核电站主控制室分布如图 1.4 所示。

核动力装置仪控系统发展历程如图
1.5 所示。其总的趋势是功能越来越丰富，
数字化和智能化程度越来越高，体积、重
量、功耗越来越小，而控制性能、可靠性
和可维护性越来越好，人机界面越来越友
好。提高核动力仪控系统对信息的处理和
利用水平，在仪控系统中提供包括运行故
障实时诊断等功能在内的操纵员运行支
持能力，是世界核能界在仪控系统实现数
字化以后探求的下一个目标，是当今先进
核动力仪控系统研究领域的一个热门的
前沿课题。这也是今后船用核动力装置仪
控系统发展的必然趋势。

图 1.4　AP1000 核电站主控制室

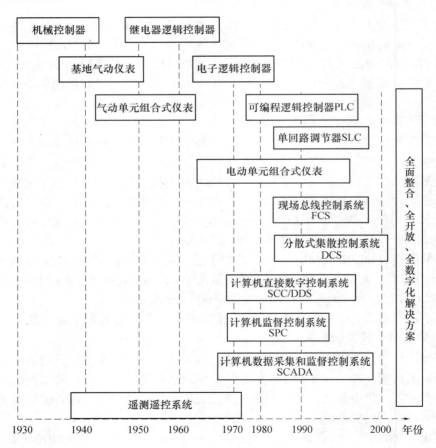

图 1.5　核动力装置仪控系统发展历程

8

复 习 题

1. 船用核动力装置有哪些特点？
2. 核动力装置控制系统的主要任务有哪些？
3. 什么是安全重要设备和非安全重要设备？
4. 船用核动力装置控制系统的组成和体系结构是怎样的？有哪些主要控制部位？
5. 试述核动力装置控制系统的发展历程与未来趋势。

第 2 章　核动力装置传递函数与特性

当核反应堆处于稳定状态时,堆内中子的产生率必须等于中子吸收率与泄漏率之和。如果不能保持这种平衡,则反应堆将处于动态过程中,堆内的中子数将随时间发生变化,因而其功率也就发生变化。在运行过程中,反应堆的这种变化是经常出现的。例如反应堆的启动、停闭、升降功率运行等,都属于正常的操作。控制棒的移动,燃料燃耗,毒物的积累或消失,裂变核的产生,温度、压力等物理参数的变化,都可以使增殖因数发生变化,因而引起反应堆功率变化,反过来功率的变化又使得反应堆物理参数进一步变化。实际运行的核动力装置,总是处于经常变化的动态过程之中。分析、了解核动力装置的动态特性对正确地设计其控制系统,以及对其进行安全操纵都具有重要的意义。

核反应堆及其动力装置是一个相当复杂的物理热工系统,研究和探讨它的动态过程,必须建立在对该系统物理热工过程充分了解的基础上,从而取其描述过程的主要因素,略去次要因素,建立切合实际的物理模型和数学模型。从控制角度来考虑,反应堆及其动力装置是控制的对象,而对于控制对象动态特性的分析,则是分析综合控制系统的基础。本章以核动力装置主要系统设备的物理和数学模型为基础,应用控制系统分析中普遍采用的有效工具——传递函数,来分析研究反应堆及其动力装置的动态特性。

2.1　反应堆核动力学模型与特性

反应堆核动力学模型主要研究反应堆在外部反应性扰动作用下,反应堆内中子注量率的变化规律。

2.1.1　集总参数分析方法

由于核动力系统十分复杂,在分析某个运行参数的变化特性时,其影响因素往往很多,如果将这些因素都考虑进去,则所建立的数学模型将十分复杂,对分析研究十分不便,也没有必要。因此,在建立核动力装置这类复杂系统的数学模型时,通常采用集总参数分析方法,即只考虑影响系统特性的主要因素,忽略次要因素,突出其最根本的规律,来分析建立系统的数学模型。

例如,如果假设反应堆内各点的中子注量率随时间的变化特性与空间位置无关,即认为堆内中子的产生和变化发生在一点上(物理上所说的点源),或者说在堆芯中中子的产生和变化的规律各处都是一样的,反应堆被看成没有空间度量的一个"点",即不考虑中子在堆芯的空间分布,只考虑其随时间的变化规律,这将大大简化对中子注量率变化特性的分析。这就是我们通常采用的"点堆模型"。

这对于研究舰船核反应堆控制相关问题时是允许的，因为反应堆的内部结构和活性区增殖因数的细节，对于控制来说不是非常重要的，我们关心的往往是对反应堆总输出功率的控制，因此通常采用点堆模型来研究反应堆和其动力学特性，可以简化数学模型和分析难度。由于船用堆与核电站反应堆相比通常较小，因而对堆芯内中子注量率的空间展平，主要通过控制棒等的布置和最佳提棒程序等手段来实现。

2.1.2　反应堆点堆动力学方程

按照点堆模型的思路，建立核反应堆点堆动力学方程。

在核反应堆中，当考虑缓发中子的作用时，反应堆内中子注量率随时间的变化规律可以用一组微分方程来描述，即：

$$\frac{\mathrm{d}n}{\mathrm{d}t} = \frac{K_{\mathrm{eff}}(1-\beta)-1}{l_0} \cdot n + \sum_{i=1}^{6} \lambda_i c_i \qquad (2\text{-}1)$$

$$\frac{\mathrm{d}c_i}{\mathrm{d}t} = \frac{K_{\mathrm{eff}} \cdot \beta_i}{l_0} \cdot n - \lambda_i c_i \qquad (2\text{-}2)$$

式中：$n(t)$——中子注量率，中子数/cm³；

$c_i(t)$——第 i 组缓发中子先驱核密度，核数/cm³；

k_{eff}——反应堆有效增殖因子；

l_0——中子寿命，s；

q——反应堆外中子源每秒产生的中子数，1/s；

λ_i——第 i 组缓发中子先驱核衰变常数，1/s；

β_i——第 i 组缓发中子份额；

β——缓发中子的总份额，$\beta = \sum \beta_i$。

方程(2-1)反映了同时考虑瞬发中子和缓发中子的作用后，中子注量率随时间的变化规律。

$\dfrac{\mathrm{d}n}{\mathrm{d}t}$——中子注量率 n 的变化速度，中子数/cm³·s。

$\dfrac{K_{\mathrm{eff}}(1-\beta)-1}{l_0} \cdot n$——由瞬发中子引起的中子注量率的变化。如果在某一时刻 t，堆内中子注量率(有时称中子水平)为 n，那么经过一个循环，下一代的中子数为 $k_{\mathrm{eff}} \cdot n$。如果缓发中子的总份额为 $\beta = \sum_{i=1}^{6} \beta_i$，则下一代中子中，瞬发中子数为 $k_{\mathrm{eff}}(1-\beta)n$。这样经过一个循环后，单位体积内的瞬发中子数增加量为 $k_{\mathrm{eff}}(1-\beta)n - n$。而中子循环一次所需要的平均时间为 l_0(中子寿命)，所以单位时间内由瞬发中子的变化所引起的中子注量率的变化为：

$$\frac{K_{\mathrm{eff}}(1-\beta)n - n}{l_0} = \frac{K_{\mathrm{eff}}(1-\beta)-1}{l_0} \cdot n$$

$\sum\limits_{i=1}^{6}\lambda_i c_i$——缓发中子引起的中子注量率的变化。缓发中子是由其先驱元素(即铀核的某些裂变碎片)衰变过程中释放出来的。由于先驱核每衰变一个就放出一个缓发中子,所以单位时间内先驱核的衰变数就等于单位时间内放出来的缓发中子数。如果 C_i 为第 i 组缓发中子先驱核在时间 t 的浓度(核数/cm³), λ_i 为第 i 组缓发中子先驱核的衰变常数(1/s),则第 i 组缓发中子先驱核在时刻 t 的衰变速度为 $\lambda_i C_i$,这也就是第 i 组缓发中子在时刻 t 对中子注量率所做出的贡献。因为 ^{235}U 在裂变过程中产生 6 组缓发中子先驱核,所以在衰变过程中产生 6 组缓发中子。这 6 组缓发中子对 n 的变化都有影响。所以,缓发中子对中子注量率总的贡献为 6 组缓发中子贡献的总和——$\sum\limits_{i=1}^{6}\lambda_i c_i$。

由方程式(2-1)可以看出,反应堆内中子注量率变化的速度等于单位时间内由瞬发中子引起的中子注量率的变化,加上单位时间内缓发中子引起的中子注量率的变化。

方程式(2-1)中,由于缓发中子先驱核的浓度 C_i 是随时间在变化的,所以还必须确定先驱核 C_i 的变化规律,才能最后确定中子注量率 n 的变化规律。方程式(2-2)反映了缓发中子先驱核浓度 C_i 随时间的变化规律。

$\dfrac{\mathrm{d}c_i}{\mathrm{d}t}$——第 i 组缓发中子先驱核浓度的变化速度。

$\dfrac{K_{\mathrm{eff}}\beta_i}{l_0}\cdot n$——单位体积内由裂变造成的 C_i 的增加速度。

$-\lambda_i c_i$——在单位体积内由衰变造成的 C_i 的减少速度。

由方程式(2-2)可以看出,单位体积内缓发中子先驱核 C_i 的浓度变化速度等于由裂变产生的 C_i 的增加速度与衰变造成 C_i 的减少速度之和。

方程式(2-1)和式(2-2)确定了反应堆内中子水平的变化规律,即确定了反应堆内中子动态特性。

反应堆在启动时,为了减少中子探测的盲区,常常在堆芯加入外中子源。若中子源单位时间对堆芯的 1cm³ 内贡献 q 个中子,则方程式(2-1)和式(2-2)用于反应堆启动动态分析时,在式(2-1)中应加入中子源项 q。

定义中子一代时间 l 为:

$$l = \frac{l_0}{K_{\mathrm{eff}}} \tag{2-3}$$

反应性 ρ 为:

$$\rho = \frac{K_{\mathrm{eff}} - 1}{K_{\mathrm{eff}}} \tag{2-4}$$

则反应堆动态方程式(2-1)和式(2-2)简化为:

$$\frac{\mathrm{d}n}{\mathrm{d}t} = \frac{\rho - \beta}{l}\cdot n + \sum_{i=1}^{6}\lambda_i c_i + q \tag{2-5}$$

12

$$\frac{\mathrm{d}c_i}{\mathrm{d}t} = \frac{\beta_i}{l} \cdot n - \lambda_i c_i \tag{2-6}$$

方程式(2-5)和式(2-6)是反应堆控制中经常采用的动态方程组。

2.1.3　反应堆核动力学传递函数

研究一个系统的动态特性，一个很有效的方法就是采用传递函数。有了传递函数就可以很方便地研究系统在任何作用及初始条件下的动态过程。但是传递函数是建立在线性系统的基础上，因此，必须将反应堆的动态方程作为线性环节来处理，才能求出其传递函数。

1. 反应堆核动力学传递函数的推导

由式(2-5)可以看出，它是一个变系数微分方程式，不能直接进行拉普拉斯变换，因此必须先进行线性化处理。

1) 应用微扰法求反应堆的增量方程式

假定 $t=0$ 时，反应堆运行在临界状态(稳定状态)：$\rho=0$，$n=n_0$，$c_i=c_{i0}$。当 $t=\Delta t$ 时，反应性有一微小的扰动 $\Delta\rho$，相应地 $n=n_0+\Delta n$，$c_i=c_{i0}+\Delta c_i$。将这些关系式代入方程式(2-5)和式(2-6)，消去高阶项和稳态项后，可以得到反应堆的线性化增量方程：

$$\frac{\mathrm{d}\Delta n}{\mathrm{d}t} = \frac{n_0}{l} \cdot \Delta\rho - \frac{\beta}{l} \cdot \Delta n + \sum_{i=1}^{6} \lambda_i \Delta c_i \tag{2-7}$$

$$\frac{\mathrm{d}\Delta c_i}{\mathrm{d}t} = \frac{\beta_i}{l} \cdot \Delta n - \lambda_i \Delta c_i \tag{2-8}$$

这是一个常系数微分方程组，可以直接进行拉氏变换。

2) 求反应堆传递函数

对方程式(2-7)、式(2-8)进行拉氏变换，并消去 $\Delta C_i(s)$，可以得到：

$$\frac{n_0}{l} \cdot \Delta\rho(s) = (s + \frac{\beta}{l} - \sum_{i=1}^{6} \frac{\lambda_i}{(s+\lambda_i)} \cdot \frac{\beta_i}{l})\Delta n(s) \tag{2-9}$$

其中：

$$\frac{\beta}{l} - \sum_{i=1}^{6} \frac{\lambda_i}{(s+\lambda_i)} \cdot \frac{\beta_i}{l} = \frac{1}{l}(\sum_{i=1}^{6}\beta_i - \sum_{i=1}^{6}\frac{\beta_i\lambda_i}{(s+\lambda_i)}) = \frac{1}{l}\sum_{i=1}^{6}(\beta_i - \frac{\beta_i\lambda_i}{s+\lambda_i}) = \frac{1}{l}\sum_{i=1}^{6}(\frac{s\beta_i}{s+\lambda_i})$$

将此关系式代入式(2-9)得：

$$(s + \frac{1}{l}(\sum_{i=1}^{6}\frac{s\lambda_i}{s+\lambda_i})) \cdot \Delta n(s) = \frac{n_0}{l} \cdot \Delta\rho(s)$$

由此得出：

$$\frac{\Delta n(s)}{\Delta \rho(s)} = \frac{n_0}{l} \frac{1}{s(1 + \frac{1}{l}\sum_{i=1}^{6}\frac{\beta_i}{s+\lambda_i})} \qquad (2\text{-}10)$$

上式就是反应堆的传递函数。它是以反应性的微扰量 $\Delta \rho$ 为输入，以相应的中子水平的增量 Δn 为输出的动态关系，一般用下式表示：

$$W(s) = K_R \cdot G_R(s) = \frac{\Delta n(s)}{\Delta \rho(s)} = \frac{n_0}{l} \frac{1}{s(1 + \frac{1}{l}\sum_{i=1}^{6}\frac{\beta_i}{s+\lambda_i})} \qquad (2\text{-}11)$$

由传递函数 $K_R \cdot G_R(S)$ 可看出，其特征方程式为：

$$s(1 + \frac{1}{l}\sum_{i=1}^{6}\frac{\beta_i}{s+\lambda_i}) = 0 \qquad (2\text{-}12)$$

展开后可得如下 7 次代数方程式：

$$s(s^6 + \alpha_5 s^5 + \alpha_4 s^4 + \alpha_3 s^3 + \alpha_2 s^2 + \alpha_1 s^1 + \alpha_0) = 0$$

$$s_0 = 0$$

$$s^6 + \alpha_5 s^5 + \alpha_4 s^4 + \alpha_3 s^3 + \alpha_2 s^2 + \alpha_1 s^1 + \alpha_0 = 0 \qquad (2\text{-}13)$$

将式(2-13)代入式(2-11)，且假定代数方程的根为 γ_i：

$$W(s) = K_R \cdot G_R(s) = \frac{n_0}{ls} \cdot \frac{(s+\lambda_1)(s+\lambda_2)(s+\lambda_3)(s+\lambda_4)(s+\lambda_5)(s+\lambda_6)}{s^6 + \alpha_5 s^5 + \alpha_4 s^4 + \alpha_3 s^3 + \alpha_2 s^2 + \alpha_1 s^1 + \alpha_0} = \frac{n_0}{ls}\frac{\prod_{i=1}^{6}(s+\lambda_i)}{\prod_{i=1}^{6}(s+\gamma_i)}$$

$$(2\text{-}14)$$

特征根 γ_i 是由 α_i 亦即反应堆的缓发中子常数 λ_i、β_i 和中子寿命 l 决定的常数。

直接对 6 次代数方程式求解是很困难的，但利用计算机来计算很方便。例如，根据表 2.1 所列反应堆的缓发中子常数，且中子寿命 $l=10^{-4}$s，将常数代入式(2-12)，可得：

$$s^6 + 92s^5 + 1198s^4 + 1986s^3 + 673s^2 + 494s^1 + 0.58 = 0$$

经计算机解算求得相应的 6 个根为：

$$\gamma_1 = -77.6 \qquad \gamma_2 = -13.38 \qquad \gamma_3 = -1.43$$

$$\gamma_4 = -0.336 \qquad \gamma_5 = -0.0805 \qquad \gamma_6 = -0.0147$$

代入传递函数式(2-14)，有

$$W(s) = K_R \cdot G_R(s) = \frac{n_0}{ls}\frac{\prod_{i=1}^{6}(s+\lambda_i)}{\prod_{i=1}^{6}(s+\gamma_i)}$$

$$= \frac{n_0}{ls} \cdot \frac{(s+14)(s+1.61)(s+0.456)(s+0.151)(s+0.0315)(s+0.0124)}{(s+77)(s+13.38)(s+1.43)(s+0.336)(s+0.0805)(s+0.0147)} \quad (2\text{-}15)$$

由反应堆的传递函数可看出，反应堆是一个 7 阶动态环节。一方面传递函数本身的推导很不方便(如求解 6 次代数方程式根)，另一方面，这样高阶的动态环节给控制系统的分析和综合也带来了很大的不便。所以，要设法对反应堆传递函数进行简化。

表 2.1 ^{235}U 热中子裂变所发出的缓发中子常数

平均寿命 t_i/s	衰变常数 λ_i/s	占总中子数中的份额 β_i
0.071	14.0	0.00025
0.62	1.61	0.00084
2.19	0.456	0.0024
6.50	0.151	0.0021
31.7	0.0315	0.0017
80.2	0.0124	0.00026

2. 反应堆传递函数的简化

由式(2-11)可以看出，造成高阶动态环节的原因是 6 组缓发中子的存在，即传递函数中的因子 $\sum\limits_{i=1}^{6} \dfrac{\beta_i}{s+\lambda_i}$。如果能以 1 组或 2 组等效的缓发中子参数来代替 6 组缓发中子的参数，就可简化反应堆传递函数。所以从物理意义上来说就是将实际反应堆的 6 组缓发中子等效为 1 组或 2 组缓发中子，这种等效是否成立要以其动态特性是否相近来检验。

最常用的简化(或称等效)方法是将 $\sum\limits_{i=1}^{6} \dfrac{\beta_i}{s+\lambda_i}$ 在不同的频率区间(一般称 s 为复频率)展成泰勒级数。然后同等效的 $\sum\limits_{j=1}^{K} \dfrac{\beta_j}{s+\lambda_j}$ 进行对比，求出等效公式。下面就进行这一推导工作。

1) 当 $s < \lambda_{i\min}$ 时(低频率区间)

$$\frac{\beta_i}{s+\lambda_i} = \frac{\beta_i}{\lambda_i(1+\frac{s}{\lambda_i})} = \frac{\beta_i}{\lambda_i}(1+\frac{s}{\lambda_i})^{-1} \quad (2\text{-}16)$$

对 $(1+\frac{s}{\lambda_i})^{-1}$ 在 $\frac{s}{\lambda_i}=0$ 处展成泰勒级数：

$$(1+\frac{s}{\lambda_i})^{-1} = 1 - \frac{s}{\lambda_i} + \frac{s^2}{\lambda_i^2} - \frac{s^3}{\lambda_i^3} + \frac{s^4}{\lambda_i^4} - \frac{s^5}{\lambda_i^5} + \cdots$$

代入式(2-16)并考虑 6 组的和式：

$$\sum_{i=1}^{6}\frac{\beta_i}{s+\lambda_i}=\sum_{i=1}^{6}\frac{\beta_i}{\lambda_i}-\sum_{i=1}^{6}\frac{\beta_i}{\lambda_i^2}\cdot s+\sum_{i=1}^{6}\frac{\beta_i}{\lambda_i^3}\cdot s^2-\sum_{i=1}^{6}\frac{\beta_i}{\lambda_i^4}\cdot s^3+\sum_{i=1}^{6}\frac{\beta_i}{\lambda_i^4}\cdot s^4-\cdots \qquad (2\text{-}17)$$

对应地取等效缓发中子参数为 $\overline{\lambda_j}$、$\overline{\beta_j}$，若取 K 组等效，并展成泰勒级数。

$$\sum_{j=1}^{K}\frac{\overline{\beta_j}}{s+\overline{\lambda_i}}=\sum_{j=1}^{K}\frac{\overline{\beta_j}}{\overline{\lambda_j}}-\sum_{j=1}^{K}\frac{\overline{\beta_j}}{\overline{\lambda_j}^2}\cdot s+\sum_{j=1}^{K}\frac{\overline{\beta_j}}{\overline{\lambda_j}^3}\cdot s^2-\sum_{j=1}^{K}\frac{\overline{\beta_j}}{\overline{\lambda_j}^4}\cdot s^3+\sum_{j=1}^{K}\frac{\overline{\beta_j}}{\overline{\lambda_j}^5}\cdot s^4-\cdots \qquad (2\text{-}18)$$

使式(2-17)和式(2-18)的对应项系数相等，即

(a) $\displaystyle\sum_{j=1}^{K}\frac{\overline{\beta_j}}{\overline{\lambda_j}}=\sum_{i=1}^{6}\frac{\beta_i}{\lambda_i}$ (b) $\displaystyle\sum_{j=1}^{K}\frac{\overline{\beta_j}}{\overline{\lambda_j}^2}=\sum_{i=1}^{6}\frac{\beta_i}{\lambda_i^2}$

(c) $\displaystyle\sum_{j=1}^{K}\frac{\overline{\beta_j}}{\overline{\lambda_j}^3}=\sum_{i=1}^{6}\frac{\beta_i}{\lambda_i^3}$ (d) $\displaystyle\sum_{j=1}^{K}\frac{\overline{\beta_j}}{\overline{\lambda_j}^4}=\sum_{i=1}^{6}\frac{\beta_i}{\lambda_i^4}$

(e) $\displaystyle\sum_{j=1}^{K}\frac{\overline{\beta_j}}{\overline{\lambda_j}^5}=\sum_{i=1}^{6}\frac{\beta_i}{\lambda_i^5}$ (f) $\displaystyle\sum_{j=1}^{K}\frac{\overline{\beta_j}}{\overline{\lambda_j}^6}=\sum_{i=1}^{6}\frac{\beta_i}{\lambda_i^6}$

通过上面等式可以求出不同组数的等效缓发中子参数。

(1) 当取一组等效缓发中子，即 $K=1$ 时，则只需求出 $\overline{\lambda}$、$\overline{\beta}$ 2 个等效参数，这样只取前两项系数相等(取(a)、(b)两式)即可。

(2) 当取二组等效缓发中子，即 $K=2$ 时，则需求出 $\overline{\beta_1}$、$\overline{\beta_2}$、$\overline{\lambda_1}$、$\overline{\lambda_2}$ 4 个等效参数，这样需取 4 项系数相等(取式(a)~式(d))。

(3) 当取 K 组等效缓发中子时，需求出 $2K$ 个等效参数，则其公式为

$$\sum_{j=1}^{K}\frac{\overline{\beta_j}}{\overline{\lambda_j}^P}=\sum_{i=1}^{6}\frac{\beta_i}{\lambda_i^P} \qquad (2\text{-}19)$$

式中：$P=1$，2，3，$\cdots$，$2K$。

式(2-19)就是低频区求取缓发中子等效参数的通用公式。

2) 当 $s>\lambda_{i\max}$ 时(高频率区间)

$$\frac{\beta_i}{s+\lambda_i}=\frac{\beta_i}{s(1+\frac{\lambda_i}{s})}=\frac{\beta_i}{s}(1+\frac{\lambda_i}{s})^{-1} \qquad (2\text{-}20)$$

将 $(1+\frac{\lambda_i}{s})^{-1}$ 在 $\frac{\lambda_i}{s}=0$ 处展成泰勒级数，并代入式(2-18)及求和式得：

$$\sum_{i=1}^{6} \frac{\beta_i}{s+\lambda_i} = \sum_{i=1}^{6} \frac{\beta_i}{s} - \sum_{i=1}^{6} \frac{\beta_i \lambda_i}{s^2} + \sum_{i=1}^{6} \frac{\beta_i \lambda_i^2}{s^3} - \sum_{i=1}^{6} \frac{\beta_i \lambda_i^3}{s^4} + \sum_{i=1}^{6} \frac{\beta_i \lambda_i^4}{s^5} - \cdots \quad (2\text{-}21)$$

令

$$\sum_{j=1}^{K} \frac{\beta_j}{s+\overline{\lambda_i}} = \sum_{j=1}^{K} \frac{\overline{\beta_j}}{s} - \sum_{j=1}^{K} \frac{\overline{\beta_j \lambda_j}}{s^2} + \sum_{j=1}^{K} \frac{\overline{\beta_j \lambda_j}^2}{s^3} - \sum_{j=1}^{K} \frac{\overline{\beta_j \lambda_j}^3}{s^4} + \sum_{j=1}^{K} \frac{\overline{\beta_j \lambda_j}^4}{s^5} - \cdots \quad (2\text{-}22)$$

由式(2-21)和式(2-22)对应项相等，对于 K 组等效缓发中子的等效参数求取公式

$$\sum_{j=1}^{K} \overline{\beta_j} \cdot \overline{\lambda_j}^q = \sum_{i=1}^{6} \beta_i \cdot \lambda_i^q \quad (2\text{-}23)$$

式中：$q=0$，1，2，$\cdots$，$2k-1$。

3) s 为任意值

这种情况一般取高、低频率区间地折中方案。即其求等效参数的通用公式为：

$$\sum_{j=1}^{K} \frac{\overline{\beta_j}}{\overline{\lambda_j}^p} = \sum_{i=1}^{6} \frac{\beta_i}{\lambda_i^p}$$

$$\sum_{j=1}^{K} \overline{\beta_j} \cdot \overline{\lambda_j}^q = \sum_{i=1}^{6} \beta_i \cdot \lambda_i^q \quad (2\text{-}24)$$

式中：$p=1$，2，3，$\cdots$，K

$q=0$，1，2，$\cdots$，$K-1$

根据式(2-19)、式(2-23)、式(2-24)可求出不同频段和不同等效缓发中子组的等效参数。现在取 ^{235}U 对于热中子裂变时所发出的缓发中子常数，求得：

(1) 单组等效缓发中子的等效参数。

折中近似：$\overline{\beta} = 0.0064$，$\overline{\lambda} = 0.077$

高频近似：$\overline{\beta} = 0.0064$，$\overline{\lambda} = 0.407$

低频近似：$\overline{\beta} = 0.00231$，$\overline{\lambda} = 0.0277$

(2) 双组等效缓发中子的等效参数(折中近似)。

$$\overline{\beta}_1 = 0.0019，\quad \overline{\beta}_2 = 0.0045$$

$$\overline{\lambda}_1 = 0.567，\quad \overline{\lambda}_2 = 0.0252$$

简化(或等效)的结果，可以通过与 6 组缓发中子的反应堆的频率特性进行对比校验。亦可同 6 组缓发中子的反应堆在反应性 ρ 为阶跃输入的响应曲线($n(t)/n_0$)进行对比。通过校验，可以在频率特性(或响应曲线)相近(即动态过程项近似)的条件下，最后确定等效参

数。一般对于 ^{235}U 的缓发中子的参数，取单组的等效参数为 $\overline{\beta} = 0.0064$，$\overline{\lambda} = 0.12$。

具有等效单组缓发中子的反应堆传递函数为：

$$W_{\text{单}}(s) = K_R G_R(s) = \frac{n_0(s + \overline{\lambda})}{ls(s + \overline{\lambda} + \dfrac{\overline{\beta}}{l})} \tag{2-25}$$

具有等效双组缓发中子的反应堆传递函数为：

$$W_{\text{双}}(s) = K_R G_R(s) = \frac{n_0(s + \overline{\lambda}_1)(s + \overline{\lambda}_2)}{ls(s + \gamma_1)(s + \gamma_2)} \tag{2-26}$$

其中 γ_1，γ_2 由下式求得：

$$\gamma_{1,2} = \frac{1}{2}\left[-(\overline{\lambda}_1 + \overline{\lambda}_2 + \frac{\overline{\beta}_1 + \overline{\beta}_2}{l}) \pm \sqrt{(\overline{\lambda}_1 + \overline{\lambda}_2 + \frac{\overline{\beta}_1 + \overline{\beta}_2}{l})^2} \right]$$

2.1.4 反应堆频率特性分析

将反应堆传递函数中 $S = j\omega$，可以得到反应堆的频率特性：

$$W(j\omega) = \frac{n_0}{l} \cdot \frac{\displaystyle\prod_{i=1}^{6}(j\omega + \lambda_i)}{j\omega \cdot \displaystyle\prod_{i=1}^{6}(j\omega + \gamma_i)}$$

使用转折频率法，可以画出反应堆对数幅相频率特性曲线。图 2.1 为对应 $l = 10^{-4}$s 反应堆的对数幅频率特性曲线。

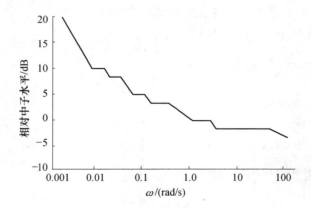

图 2.1　反应堆对数幅频率特性曲线

图 2.2、图 2.3 给出了对应不同 l 值的对数幅频率特性和相频特性曲线。这些曲线都是对应一定的中子水平 n_0 画出的。

18

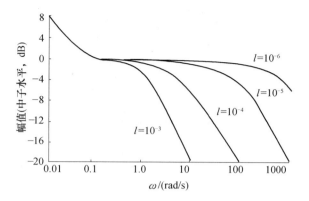

图 2.2　反应堆中子对数幅频特性

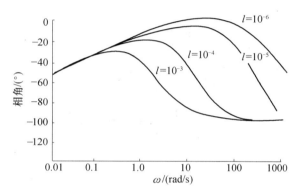

图 2.3　对应图 2.2 的中子对数相频特性曲线

为了便于讨论，对反应堆传递函数作如下变换：

$$W_1(s) = \frac{W(s)n_0}{n_0} = \frac{K_R G_R(s)}{n_0}$$

将 $s = j\omega$ 代入上式

$$W_1(j\omega) = \frac{K_R G_R(j\omega)}{n_0} = G(\omega)e^{j\theta(\omega)} \tag{2-27}$$

式中：$G(\omega)$——幅值频率特性；

　　　$\theta(\omega)$——相位频率特性。

为了具体求出 $G(\omega)$、$\theta(\omega)$，在方程式(2-11)中，令 $S=j\omega$，并取倒数：

$$[W_1(j\omega)]^{-1} = j\omega l\left[1 + \sum_{i=1}^{6}\frac{\beta_i}{l(j\omega+\lambda_i)}\right] = j\omega\left[l + \sum_{i=1}^{6}\frac{\beta_i(\lambda_i - j\omega)}{\omega^2 + \lambda_i^2}\right]$$

$$= \omega\sum_{i=1}^{6}\frac{\beta_i\omega}{\omega^2 + \lambda_i^2} + j\omega(l + \sum_{i=1}^{6}\frac{\beta_i\lambda_i}{\omega^2 + \lambda_i^2})$$

$$= \omega^2 L + \mathrm{j}\,\omega(l + K) \tag{2-28}$$

式中：
$$L = \sum_{i=1}^{6} \frac{\beta_i \omega}{\omega^2 + \lambda_i^2}, \quad K = \sum_{i=1}^{6} \frac{\beta_i \lambda_i}{\omega^2 + \lambda_i^2} \tag{2-29}$$

由式(2-28)可得

$$\tan \theta(\omega) = -\frac{l + K}{\omega L} \tag{2-30}$$

$$G(\omega) = \frac{\cos \theta(\omega)}{\omega^2 L} \tag{2-31}$$

由式(2-30)和式(2-31)可以很方便地求不同燃料造成的反应堆的频率特性。
下面讨论在不同频率范围内，反应堆的频率特性。

(1) 在低频段，即 $\omega < \lambda_i$(一般 $\omega<0.01$)。

$$L \rightarrow L_0 = \sum_{i=1}^{6} \frac{\beta_i}{\lambda_i^2}, \quad K \rightarrow K_0 = \sum_{i=1}^{6} \frac{\beta_i}{\lambda_i}$$

由式(2-28)可以得到(注意：因 $k_0 \gg l$ 而忽略 l)

$$G(\omega) = \frac{1}{\sqrt{(\omega^2 L_0)^2 + \omega^2 K_0^2}} = \frac{1}{\omega \sqrt{\omega^2 L_0^2 + K_0^2}}$$

当 $\omega<10^{-2}$ 时

$$G(\omega) \approx \frac{1}{\omega K_0} \tag{2-32}$$

$$\tan \theta(\omega) \approx -\frac{K_0}{\omega L_0} \tag{2-33}$$

由以上二式可知，在低频区，幅值与频率成反比，相角趋近于-90°，与中子寿命 l 的大小无关，如图 2.2、图 2.3 所示。

(2) 在高频段，即 $\omega > \lambda_i$(一般 $\omega>3$)。
由式(2-29)可得

$$L = \frac{\beta}{\omega^2}, \quad K = \frac{\sum\limits_{I=1}^{6} \beta_i \lambda_i}{\omega^2} \tag{2-34}$$

代入式(2-30)，得

$$\tan \theta(\omega) = -\frac{\omega l}{\beta} - \frac{\sum\limits_{i=1}^{6} \beta_i \lambda_i}{\omega \beta} \tag{2-35}$$

由式(2-31)得

$$G(\omega) = \frac{\cos \theta(\omega)}{\beta} \tag{2-36}$$

(3) 在 $\dfrac{\omega l}{\beta} >> \displaystyle\sum_{i=1}^{6} \dfrac{\beta_i \lambda_i}{\omega \beta}$ 时($\omega \uparrow$ 时)。

$$\tan \theta(\omega) \approx -\frac{\omega l}{\beta} \tag{2-37}$$

$$G(\omega) = \frac{1}{\beta}\left[1+(\frac{\omega l}{\beta})^2\right]^{-\frac{1}{2}} \approx \frac{1}{\omega l} \tag{2-38}$$

由式(2-37)、式(2-38)可知，在高频段，其最高截止频率取决于 $\dfrac{\beta}{l}$。在 β 不变下(即燃料成分固定)，随着中子平均寿命 l 的减小，其最高截止频率增大，即反应堆的频带宽度与 l 成反比。相位移趋近于-90°，如图 2.2、图 2.3 所示。

具有等效单组(双组)缓发中子的反应堆频率特性也同样具有以上特点。

2.1.5 影响反应堆反应性的主要因素

在功率区运行情况下，考虑中子通量动态变化时(临界附近)，反应性 $\Delta \rho$ 的影响因素主要考虑：控制棒移动所释放的反应性 $\Delta \rho_R$、氙毒反应性 $\Delta \rho_{Xe}$、冷却剂温度反馈反应性 $\Delta \rho_m$ 和燃料温度反馈反应性 $\Delta \rho_f$。总的反应性变化为：

$$\Delta \rho = \Delta \rho_R + \Delta \rho_{Xe} + \Delta \rho_m + \Delta \rho_f$$

1. 控制棒移动所释放的反应性 $\Delta \rho_R$

不同控制棒组在堆芯内不同高度处移动距离 x 时，所引入的反应性 $\Delta \rho_R$，应根据该组控制棒的微分价值曲线，计算出该高度处移动距离 x 时对应的积分价值得到。微分价值曲线应在理论估算的基础上，通过棒价值刻度实验获得。

2. 冷却剂温度反馈反应性 $\Delta \rho_m$

冷却剂温度变化，导致体积发生变化，密度变化，使得慢化能力发生变化，使反应性改变。船用压水堆通常不采用调节硼酸浓度的手段来调节反应堆输出功率，其冷却剂温度反应性反馈系数通常是负的。

冷却剂温度反馈反应性 $\Delta \rho_m$ 与冷却剂温度变化 ΔT_{av} 近似呈线性关系，由冷却剂温度反应性反馈系数 α_T 决定。即：

$$\Delta \rho_m = \alpha_T \cdot \Delta T_{av}$$

由于在功率区正常运行时，冷却剂平均温度变化范围不大，可以近似取 α_T 为定值。

3. 燃料温度反馈反应性 $\Delta \rho_f$

^{238}U 的共振吸收几率是随温度而改变的。燃料温度升高导致燃料有效吸收截面增大，中子吸收增加，所以 ^{238}U 的燃料温度反应性反馈系数总是负的，响应时间仅为零点几秒。

燃料温度反馈反应性 $\Delta \rho_f$ 与燃料温度变化 ΔT_f 呈线性关系，由燃料温度反应性反馈系数 α_f 决定。即：

$$\Delta \rho_f = \alpha_f \cdot \Delta T_f$$

燃料温度反应性反馈系数 α_f 取决于燃料温度，与燃料温度的 1/2 次方成反比。

4. 氙毒反应性 $\Delta\rho_{Xe}$

氙毒反应性 ρ_{Xe} 的计算一般使用实际堆氙毒实验数据所拟合的近似公式：

$$\rho_{Xe} = (a \cdot N_{Xe} - b) \cdot N_{Xe}$$

其中 a、b 为拟合系数，N_{Xe} 为氙的核数。

5. 不同燃料寿期的反应性特性

在反应堆运行过程中，由于燃料消耗，将导致反应堆的剩余反应性逐渐减少。反应堆每运行 1 个满功率天所引起的剩余反应性的消耗量，定义为反应堆燃耗系数。对于压水堆，其平均值为 $2 \times 10^{-4} \rho_r(0)$/满功率天。$\rho_r(0)$ 为初始剩余反应性。

在反应堆功率控制系统的设计中，由于燃耗而引起的反应性变化的过程十分缓慢，在反应堆功率区运行的功率控制过程中，一般不予考虑。

此外，冷却剂压力和气泡量的变化也将引起反应性的变化。由于压水堆在正常功率区运行时，压力变化范围有限，且压力反应性反馈系数较小，其影响可以忽略。同时，由于压水堆不允许出现沸腾，故气泡量的变化引起的反应性变化在讨论反应堆控制时可不予考虑，而在进行安全分析时必须予以考虑。

2.1.6 反应堆核动力学特性分析

由反应堆核动力学传递函数可见，反应堆的核过程是一个带积分环节的 7 阶系统，传递函数中放大系数 K_R 与反应堆的稳定功率水平有关，即正比于反应堆的功率水平 n_0。反应堆在运行中其功率水平变化范围很宽，如从 $1\% \sim 120\% n_H$(n_H 为堆的额定功率水平)。这样，作为控制回路中一个环节的反应堆，其放大系数变化上百倍，从而使整个控制系统的放大倍数也上百倍地变化，这就会直接影响到调节系统的静、动态特性。要设计一个放大系数在这样宽的范围内变化的调节系统是非常困难的。因此，要求反应堆功率自动调节系统必须能消除这一非线性因素，以得到可以满足静、动态特性要求的功率调节系统。一般在实验性反应堆上(其 n_0 变化范围上万倍)，在功率调节系统中的比较环节有一"1/n"因子，是专门用来抵消堆传递函数中 n_0 这一非线性因子的。但在动力压水反应堆中，因其自稳定性能好，有足够的稳定性储备，且其功率调节系统工作的功率水平范围比较小(一般为 $10\% \sim 110\% n_H$)。反应堆传递函数中这一非线性因子 n_0 对系统的工作性能影响不大，所以一般在系统设计中可不予考虑。

中子平均寿命 l 不仅影响反应堆传递函数的放大系数($l\uparrow$ 放大系数$\downarrow$)，而且影响堆频率特性的连接频率：最高截止频率增大，反应堆的频带加宽。这从物理意义上看也是很明显的。l 的减小，表示中子变化加快，这就更易于跟上 $\Delta\rho$ 的变化。因此高频范围即可加宽。可知 l 小的反应堆，其频带即宽，反应速度快，这就要求反应堆的调节系统有更宽的频带和更快的反应速度与之相适应。

同样，β 对堆的频率特性的连接频率和幅值的绝对值大小也有影响，β 减小连接频率减小，频率特性的幅值绝对值提高。

由上可知，不同燃料成分的反应堆，其 β_i、l、λ_i 不同，则传递函数和频率特性也有不同。

图 2.4 是反应堆控制棒提升引入正反应性后，核动力装置各主要参数的一组变化曲线。可以看出，在快速提升 1 组控制棒后，反应性首先快速上升，核功率也快速上升，引起燃料温度和冷却剂温度升高，一回路压力、水位升高。由于温度的负反应性反馈效应 α_T 和 α 的影响，会向反应堆引入负反应性，最终使得堆内总反应性逐渐下降至 0，反应堆功率、一回路冷却剂平均温度、燃料平均温度、稳压器压力和水位等均重新稳定在一个新的水平上。从燃料温度和冷却剂温度的变化曲线对比可以看出，燃料温度的响应速度比冷却剂温度的响应速度要快得多，变化幅度的绝对值也大得多。

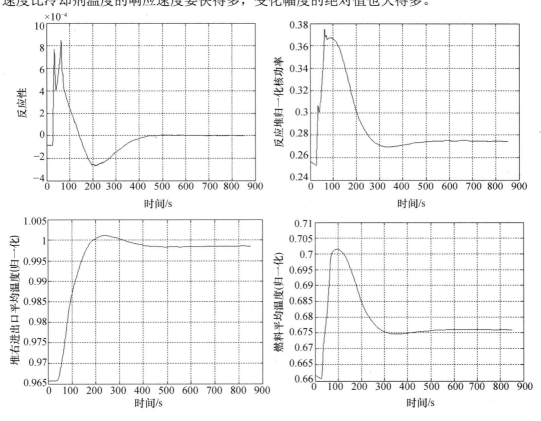

图 2.4　提升控制棒引入正反应性后的响应特性

2.2　核反应堆热动力学模型与特性

在反应堆内，不仅存在上述核动力学系统，而且还存在一个复杂的热动力学系统。所谓反应堆热动力学系统是指冷却剂从进入反应堆活性区开始，到离开活性区这一时间空间中与反应堆内的能量交换过程。对于热动力学系统，主要研究冷却剂入口温度和反应堆功率水平已知后，找出冷却剂出口温度、冷却剂平均温度、燃料平均温度和它们的动态关系，即它们间的传递函数。这里所应用的原理主要是热平衡原理和连续性原理。

2.2.1 热动力学方程的建立

1. 假设

在建立热动力学方程，为了简化系统建模，从研究控制动态特性的角度出发，做如下近似和假设：

(1) 把反应堆热动力学系统作为集总参数来处理，热源集中一点释放。

(2) 在反应堆芯部不考虑冷却剂的流量分布。也就是说，冷却剂在堆芯的时间很短，忽略不计。

(3) 冷却剂平均温度为线性平均值。

(4) 热量全部在燃料元件中释放，即由 γ 射线和分裂碎片直接释放于冷却剂中的热量很小，可忽略不计。

(5) 系统中的各物理参数(静态参数)不发生变化。

以上假设和近似是把反应堆热动力学系统作为集中参数来处理。

2. 反应堆热动力学方程

堆内热传输过程为：在反应堆内，核裂变产生的能量首先加热燃料元件，使燃料元件的温度升高，燃料元件与周围冷却剂的温差又使热量传递给冷却剂，高速流动的冷却剂又将热量带出堆芯。将燃料元件作为单热容量对象来处理时，这一热量传递过程由下面的热平衡方程表示。

$$P = (mc)_f \cdot \frac{dT_f}{dt} + KA_f(T_f - T_{av}) \tag{2-39}$$

$$KA_f(T_f - T_{av}) = (mc)_w \frac{dT_{av}}{dt} + GC(T_h - T_c) \tag{2-40}$$

$$T_{av} = \frac{1}{2}(T_h + T_c) \tag{2-41}$$

式中：

$P = \alpha \cdot \Delta n$——反应堆单位时间内释放的热能增量，kcal/s；

α——热能与中子注量率间的转换系数，kcal/s·中子；

$(mc)_f$——燃料元件的热容量，kcal/℃；

T_f——燃料元件的平均温度增量，℃；

T_{av}——冷却剂平均温度增量，℃；

k——燃料元件与冷却剂之间的传热系数，kcal/s·m²·℃；

A_f——活性区内燃料元件的总有效传热面积，m²；

G——冷却剂的质量流量，kg/s；

C——冷却剂的定压比热，kcal/kg·℃；

$(mc)_w$——冷却剂和燃料元件包壳锆的热容量，kcal/℃；

T_h——活性区出口处冷却剂温度，℃；

T_c——活性区入口处冷却剂温度，℃。

式(2-39)是核燃料到冷却剂的热量平衡关系；单位时间内燃料产生的热量 P 等于单位时间内燃料元件温度升高吸收的热量 $(mC)_f \dfrac{\mathrm{d}T_f}{\mathrm{d}t}$ 加上单位时间内燃料元件传给冷却剂水的热量 $KA_f(T_f-T_{av})$。

式(2-40)是燃料元件放出的热量和冷却剂带走的热量间的热量平衡关系，即单位时间内燃料元件传给冷却剂的热量等于单位时间由冷却剂温度升高吸收的热量 $(mC)_w \dfrac{\mathrm{d}T_{av}}{\mathrm{d}t}$ 加上冷却剂带走的热量 $GC(T_h-T_c)$。

由式(2-39)、式(2-40)、式(2-41)可得出如下方程式：

$$T_f + \tau_f \frac{\mathrm{d}T_f}{\mathrm{d}t} = T_{av} + \tau_f \frac{P}{(mC)_f}$$

$$\left(1 + 2\frac{\tau_2}{\tau_c}\right) \cdot T_{av} + \tau_2 \frac{\mathrm{d}T_{av}}{\mathrm{d}t} = T_f + 2\frac{\tau_2}{\tau_c} \cdot T_c \qquad (2\text{-}42)$$

$$T_{av} = \frac{1}{2}(T_h + T_c) \rightarrow T_h = 2T_{av} - T_c$$

这就是反应堆堆芯的热动力学方程式。

式中：

$\tau_f = \dfrac{(mC)_f}{KA_f}$ ——燃料元件温升的时间常数，s；

$\tau_2 = \dfrac{(mC)_w}{KA_f}$ ——冷却剂温升的时间常数，s；

$\tau_c = \dfrac{V}{G_V} = \dfrac{m}{G}$ ——冷却剂流经活性区所需的时间，s；

V——活性区内冷却剂水的总体积，m^3；

G_v——冷却剂体积流量，m^3/s；

m——活性区冷却剂总的重量，kg。

2.2.2　反应堆热动力学系统传递函数

方程组(2-42)是反映反应堆热动力学系统的增量方程式，T_f、T_{av}、T_c、P 皆为温度和功率的增量，已经过线性化，可以进行拉氏变换。经变换后得到：

$$T_f(s) + s \cdot \tau_f T_f(s) = T_{av}(s) + \frac{\tau_f}{(mC)_f} \cdot \alpha \cdot \Delta n(s)$$

$$\left(1 + 2\frac{\tau_2}{\tau_c}\right) \cdot T_{av}(s) + s\tau_2 T_{av}(s) = T_f(s) + 2\frac{\tau_2}{\tau_c} \cdot T_c(s) \qquad (2\text{-}43)$$

$$T_{av}(s) = \frac{1}{2}(T_h(s) + T_c(s))$$

从式(2-43)中消去 $T_f(s)$、$T_{av}(s)$得到

$$T_h(s) = \frac{-\{\frac{\tau_c \tau_f}{2}s^2 + [\frac{\tau_c}{2}(\frac{\tau_f}{\tau_2}+1)-\tau_f]s-1\} \cdot T_c(s) + \alpha\gamma\Delta n(s)}{\frac{\tau_c \tau_f}{2}s^2 + [\frac{\tau_c}{2}(\frac{\tau_f}{\tau_2}+1)+\tau_f]s+1} \qquad (2-44)$$

式中：$\gamma = \dfrac{1}{GC}$——反应堆功率与冷却剂温度之间转换系数，$℃ \cdot kg^{-1} \cdot cal^{-1} \cdot s$。

令：

$$-\{\frac{\tau_c \tau_f}{2}s^2 + [\frac{\tau_c}{2}(\frac{\tau_f}{\tau_2}+1)-\tau_f]s-1\} = (1+\tau_c s)(1-\tau_c' s)$$

$$\frac{\tau_c \tau_f}{2}s^2 + [\frac{\tau_c}{2}(\frac{\tau_f}{\tau_2}+1)+\tau_f]s+1\} = (1+\tau_h s)(1+\tau_h' s)$$

则方程(2-44)变为：

$$T_h(s) = \frac{(1+\tau_c s)(1-\tau_c' s)T_c(s) + \alpha\gamma\Delta n(s)}{(1+\tau_h s)(1+\tau_h' s)} \qquad (2-45)$$

或

$$T_h(s) = G_h(s) \cdot G_c(s) \cdot T_c(s) + \alpha\gamma\Delta n(s) \qquad (2-46)$$

其中：

$$G_h(s) = \frac{1}{(1+\tau_h s)(1+\tau_h' s)}, \quad G_c(s) = (1+\tau_c s)(1-\tau_c' s)$$

一般称 $G_c(s)$ 为传递函数的输入部分，称 $G_h(s)$ 为传递函数的输出部分，在其中间供给反应堆热量。

2.2.3 反应堆热动力学特性分析

对传递函数(2-45)进行分析，可以得出下述结论：

(1) 冷却剂在活性区出口处的温度 T_h 受中子注量率的变化和冷却剂进入活性区的温度 T_c 变化两者的影响。在有外干扰时，它们都对 T_h 产生作用。

(2) 中子注量率变化引起 T_h 变化意味着堆芯产生能量的变化。当 T_h 变化后，如果后边的动力装置不能将此热量完全吸收，则 T_c 就会发生变化，它再对 T_h 发生作用。

(3) 如果后边的动力装置能将反应堆释放的能量完全吸收，则 T_c 可以维持恒值不变，这时 T_h 仅由 Δn 引起变化，其动态关系为：

$$\frac{T_h(s)}{\Delta n(s)} = \alpha\gamma G_h(s) = \frac{\alpha\gamma}{(1+\tau_h s)(1+\tau_h' s)} \qquad (2-47)$$

(4) 在无反应性扰动时，即 $\Delta n=0$，而由于其他原因使 T_c 发生变化，则 T_c 的影响关系为：

$$\frac{T_h(s)}{T_c(s)} = G_h(s) \cdot G_c(s) = \frac{(1+\tau_c s)(1+\tau_c' s)}{(1+\tau_h s)(1+\tau_h' s)} \tag{2-48}$$

(5) 从上面两个关系式中可以看到，Δn 或 T_c 变化引起 T_h 变化均与 $G_h(s)$ 有关，亦即与时间常数 τ_f、τ_2、τ_c 有关。

(6) $G_h(s)$ 是两个串联的一阶惯性环节，这是因为反应堆功率从燃料元件传给冷却剂时，其中有两个传热过程。首先是燃料元件温升，然后是冷却剂温升。因此有两个热惯性出现。

$$G_h(s) = \frac{1}{(1+\tau_h s)(1+\tau_h' s)} = \frac{1}{\dfrac{\tau_c \tau_f}{2} s^2 + [\dfrac{\tau_c}{2}(\dfrac{\tau_f}{\tau_2}+1) + \tau_f] s + 1} \tag{2-49}$$

(7) 在冷却剂流量较大的情况下，可以假定 $T_f \gg T_{av}$，且 T_{av} 变化比 T_f 的变化小得多，这样可以忽略冷却剂平均温度 T_{av} 对燃料温度 T_f 的影响。这时的热量增量平衡方程式为：

$$P = (mC)_f \cdot \frac{\mathrm{d}T_f}{\mathrm{d}t} + KA_f T_f$$

$$KAT_f = (mC)_w \frac{\mathrm{d}T_{av}}{\mathrm{d}t} + GC(T_h - T_c) \tag{2-50}$$

从上式中消去 T_f 及 T_{av} 后得：

$$G_h(s) = \frac{1}{(1+\tau_f s)(1+\dfrac{\tau_c}{2} s)} \tag{2-51}$$

这时，可取 τ_h 接近于 τ_f；τ_h' 接近于 $\dfrac{\tau_c}{2}$。

在前面推导堆芯热动力学系统传递函数时，在所用的热量平衡方程式中，是将燃料元件作为单热容量对象来处理的。实际上，通常所用的圆柱形 UO_2 燃料元件是由陶瓷体燃料、氦气层及不锈钢覆盖层三者组成的。如果不考虑氦气层质量，那么也应为燃料和不锈钢双热容量对象。通过计算可以看出，燃料元件热容量取多少，只对高频特性发生影响。在不是计算燃料温度反应性效应(多普勒效应)时，将燃料元件简化为单热容量对象是可以的。因此，在计算冷却剂温度反应性效应时，可以直接采用热量增量平衡方程式。

$$P = (mC)_f \cdot \frac{\mathrm{d}T_f}{\mathrm{d}t} + KA_f(T_f - T_{av})$$

整个燃料元件在稳态时的平均温度可按下式计算：

$$T_{f0} = \frac{\sum [(mc)_i \cdot T_i]}{(mc)_f} \tag{2-52}$$

式中：$(mc)_i$、T_i——i 层的热容量及温度。

在计算燃料负温度反应性时，由于这种反应性与燃料温度有关，因此不能应用燃料的平均温度。从燃料到冷却剂之间的传热必须考虑燃料与覆盖层二者的热容量。

2.3 蒸汽发生器动力学模型与特性

蒸汽发生器连接了核动力装置的两个热工回路，其内部传热过程是：冷却剂携带反应堆放出的热量进入蒸汽发生器，并将热量传给二回路的饱和水。两个回路中的工作状态有很大的差别。采用稳态运行控制方案时，若一回路保持冷却剂平均温度 T_{av} 恒定，则二回路的参数就变化很大，以至于必须采用一些特殊的装置，这都要影响到蒸汽发生器的工作特性。这里要特别指出，二回路的热容量比较大，因而具有更大的热惯性，它直接影响到整个系统的稳定性和动态品质。所以正确描述蒸汽发生器的动态特性很重要。

2.3.1 假设

为了建模和分析方便，采用如下假设：

(1) 传热过程只在不同介质间进行，传送的热量只正比于二介质的温差，相同介质之间只发生热量转移的过程，即只有时间上的迟延。

(2) 物理常数和传热系数为常数，不随流速和其他参数改变。

(3) 蒸汽发生器只有饱和段，上水温度维持不变。

(4) 冷却剂通过蒸汽发生器的时间很短，传热看作集中在一点上进行。

(5) 饱和蒸汽的焓值为恒值。因此，输出功率正比于通过蒸汽调节阀的蒸汽流量。而蒸汽流量正比于蒸汽调节阀的开度与蒸汽压力的乘积，即

$$W=K_aAP_s; \quad \Delta W= K_aABT_s; \tag{2-53}$$

式中：W——单位时间内蒸汽发生器输出的能量，kcal/h；

A——蒸汽调节阀门的开度(%)，满功率时 $A=1$；

P_s——饱和蒸汽的压力，kg/cm^2；

T_s——饱和蒸汽的温度，℃；

K_a——压力系数，kcal cm^2/kg·h

$$B=\mathrm{d}P_s/\mathrm{d}T_s$$

(6) 蒸汽发生器的管子金属的热容量与汽水混合物的热容量认为是简单地相加，即将一回路热量传给金属，再由管子金属传给饱和水的过程简化为一阶惯性环节。

(7) 一、二次侧均采用集中参数法来计算其平均值。

2.3.2 蒸汽发生器热动力学方程与传递函数

由以上假设可以得到下面蒸汽发生器中热量平衡方程式：

$$GC(T_{bi} - T_{bo}) = K_b A_b (T_b - T_s) \tag{2-54}$$

$$\sum mc \frac{\mathrm{d}Ts}{\mathrm{d}t} = K_b A_b (T_b - T_s) - K_\alpha A B T_s \tag{2-55}$$

$$T_b = \frac{1}{2}(T_{bi} + T_{bc}) \tag{2-56}$$

$$\sum mc = (mc)_m + (mc)_w + (mc)_s$$

式中：$K_b A_b$——冷却剂与汽水混合物之间的传热系数，kcal/h·℃；

T_{bi}——冷却剂在蒸汽发生器加热管入口处的温度，℃；

T_{bo}——冷却剂在蒸汽发生器加热管出口处的温度，℃；

T_b——冷却剂在蒸汽发生器加热管中的平均温度，℃；

$(mc)_m$——蒸汽发生器加热管金属的热容量，kcal/℃；

$(mc)_w$——蒸汽发生器二次侧汽水混合物的热容量，kcal/℃；

$(mc)_s$——蒸汽发生器二次侧汽饱和蒸汽的热容量，kcal/℃。

方程式(2-54)表明，一回路冷却剂在蒸汽发生器中失去的热量(即冷却剂在蒸汽发生器中传递给加热管金属的热量)等于二回路得到的热量。

方程式(2-55)表明，二回路得到的热量用于：①蒸汽发生器内金属管道、汽水混合物、饱和蒸汽温度升高吸收的热量；②二回路蒸汽带走的热量。

上面方程组为增量方程，故可直接进行拉氏变换，消除 T_s，整理得：

$$\frac{T_{bo}(s)}{T_{bi}(s)} = K_B G_B(s) = K_B \frac{1 + \tau_{bi} s}{1 + \tau_{bo} s} \tag{2-57}$$

式中：

K_B——蒸汽发生器的稳态放大系数；

τ_{bi}、τ_{bo}——蒸汽发生器入口和出口处热量变化的时间常数。

$$K_B = \frac{(\frac{K_\alpha A B}{K_b A_b} + 1)(\frac{2GC}{K_b A_b} - 1) + 1}{(\frac{K_\alpha A B}{K_b A_b} + 1)(\frac{2GC}{K_b A_b} + 1) - 1} \tag{2-58}$$

$$\tau_{bi} = \frac{\sum mc}{K_b A_b [(\frac{K_\alpha A B}{K_b A_b} + 1) + \frac{1}{\frac{2GC}{K_b A_b} - 1}]} \tag{2-59}$$

$$\tau_{bo} = \frac{\sum mc}{K_b A_b [(\frac{K_\alpha A B}{K_b A_b} + 1) - \frac{1}{\frac{2GC}{K_b A_b} + 1}]} \tag{2-60}$$

式(2-57)为冷却剂在蒸汽发生器加热管出口处温度变化对输入量为冷却剂在蒸汽发生器加热管入口处温度变化的传递函数。

为了理解这一传递函数的物理意义，先求出冷却剂在加热管入口处温度变化对蒸汽温度变化的影响，然后再求蒸汽温度变化对冷却剂出口加热管处温度变化的影响，即：

$$\frac{T_s(s)}{T_{bi}(s)} = \frac{1}{K_{bi}(1+\tau_{bo}s)} \tag{2-61}$$

$$\frac{T_{bo}(s)}{T_s(s)} = K_{bo}(1+\tau_{bi}s) \tag{2-62}$$

其中：

$$K_{bi} = \frac{K_b A_b}{2GC}\left[\left(\frac{K_\alpha AB}{K_b A_b}+1\right)\left(\frac{2GC}{K_b A_b}+1\right)-1\right]$$

$$K_{bo} = \frac{K_b A_b}{2GC}\left[\left(\frac{K_\alpha AB}{K_b A_b}+1\right)\left(\frac{2GC}{K_b A_b}-1\right)+1\right]$$

式(2-61)、式(2-62)二式相乘即为蒸汽发生器的传递函数。

在蒸汽发生器的热量传递过程中，冷却剂本身温度发生变化。冷却剂在蒸汽发生器加热管的出口处温度取决于二回路在一定功率和一定冷却剂流速下的吸热性能。在热量传递中，由于二回路存在着巨大的热容量，所以 T_s 不能立即发生变化。这一热惯性表现在 $T_s(s)/T_{bi}(s)$ 传递函数中的时间常数 τ_{bo}。但是，一回路边的热容量比较小(与二回路相比约为 1:3)；另外，冷却剂温度的变化要快于 T_s 的变化。由于前面的几个原因，$T_{bo}(s)/T_s(s)$ 的变化是比例加微分的过程(如式(2-65)所表示的关系)。T_{bo} 的变化快于 T_s 的变化又一定迟后于 T_{bi} 的变化。

传递函数中的放大系数 K_B 代表蒸汽发生器吸收热量的能力。当蒸汽调节阀完全关闭时，$A=0$，由式(2-58)可知，此时 $K_B=1$，$T_h=T_c$，蒸汽发生器无热能输出。

2.3.3 蒸汽发生器水位特性

蒸汽发生器的水位是影响蒸汽发生器正常运行的重要参数，必须对其水位进行有效控制。如果水位过高，就会影响汽水分离效果，造成蒸汽品质恶化，影响装置正常运行。如果水位过低，传热管束将露出水面。这一区域的传热管束可能沉积大量盐分而加剧腐蚀。而且在下降管中水位上下波动，在交变热应力下材料容易发生腐蚀疲劳。因此，蒸汽发生器运行水位必须控制在一定的范围内，否则将会影响蒸汽发生器及核动力装置安全可靠地运行。

例如，当负荷急剧增加时，如不能及时增大给水流量，由于蒸汽压力下降使下降管中水的过冷度减少，甚至可能达到饱和状态和过热状态而汽化，这样使下降管中介质倒流，会造成蒸汽发生器自然循环工况遭到破坏。

同样，在二回路负荷增加时迅速补入过量的过冷水，有可能导致一回路侧冷却剂平均温度大幅下降，反应堆内被引入一个正的反应性扰动，使堆功率超调。

由于蒸汽发生器在负荷变化时有虚假水位现象，对蒸汽发生器的水位控制是核动力装置控制中的难点之一，要求水位控制系统具有克服虚假水位干扰的能力，使蒸汽发生器水位在任何工况下都能保持在规定的上、下限内。

1. 影响蒸汽发生器水位变化的因素

现从蒸汽发生器二次侧质量平衡中，找出影响水位变化的因素。为此，假设蒸汽发生器给水流量为 G_{FW}，蒸汽流量为 G_S，排污流量为 G_b，通过液面进入液面上蒸汽空间的蒸汽流量为 G_L，液面下水蒸发成蒸汽的流量为 G_e。同时，把蒸汽发生器内二次侧体积分为三个部分，即液面上蒸汽空间为 V_d，液面下汽液混合物空间中的蒸汽空间为 V_g，液面下水位空间为 V_f。根据质量守恒原理，分别可列出下列方程：

$$\begin{cases} G_{FW} - G_e - G_b = \dfrac{\mathrm{d}}{\mathrm{d}t}[\rho_f V_f] \\ G_e - G_L = \dfrac{\mathrm{d}}{\mathrm{d}t}[\rho_f V_f] \\ G_L - G_S = \dfrac{\mathrm{d}}{\mathrm{d}t}[\rho_s V_d] \end{cases} \tag{2-63}$$

式中：ρ_f——饱和水密度；

ρ_s——饱和汽密度。

与此同时，容积守恒方程式为：

$$\begin{cases} V_t = V_f + V_g + V_d \\ V_g + V_f = A_t Z \end{cases} \tag{2-64}$$

式中：V_t——蒸汽发生器二次侧水汽空间总容积；

A_t——蒸汽发生器内两相区域总截面积；

Z——蒸汽发生器水位。

将式(2-63)中三个式子相加，并考虑到

$$\frac{\mathrm{d}\rho}{\mathrm{d}t} = \frac{\partial\rho}{\partial P} \cdot \frac{\mathrm{d}P}{\mathrm{d}t} \tag{2-65}$$

则

$$(\rho_{f0} - \rho_{s0})A_t \cdot \frac{\mathrm{d}Z}{\mathrm{d}t} = (G_{FW} - G_s - G_b) -$$

$$[V_{f0}\frac{\partial\rho_f}{\partial\rho} + (V_{g0} + V_{d0})\frac{\partial\rho_s}{\partial\rho}]\frac{\mathrm{d}P}{\mathrm{d}P} + (\rho_{g0} - \rho_{s0})\frac{\mathrm{d}V_g}{\mathrm{d}t} \tag{2-66}$$

式中：下标 0 表示动态过程初始状态下的参数值。

从方程(2-66)，可以看到蒸汽发生器水位的影响因素有以下三个方面：

(1) 给水流量 G_{FW}、蒸汽流量 G_S 和排污流量 G_b 之间的物料平衡关系，如式中右侧第 1 项所示。装置稳态运行时，给水流量应等于蒸汽流量和排污流量之和。蒸汽发生器水位的扰动，常常首先来自负荷的变化，即蒸汽流量的变化。由于给水流量不能迅速跟随蒸汽流量的变化，物料平衡遭到破坏，蒸汽发生器水位就发生变化。

水位的扰动有时也来自于给水流量的变化，如给水调节阀开度或给水泵转速发生变化时，也会影响上述流量之间的平衡。

(2) 蒸汽发生器二次侧压力对汽相液相介质密度的影响，如式(2-66)右侧第二项所示。当装置负荷发生变化时，蒸汽发生器二次侧压力会随之发生变化。随着压力的增加，饱和水密度 ρ_f 变小，饱和蒸汽密度 ρ_s 增大。在蒸汽液面以下是汽水两相混合物，其平均密度可由下式表示：

$$\overline{\rho} = \rho_f + (\rho_f - \rho_s)\alpha \tag{2-67}$$

式中：$\overline{\rho}$——两相介质平均密度；

α——两相介质空泡份额。

当 ρ_f、ρ_s 发生变化时，平均密度 $\overline{\rho}$ 也要随压力发生变化，从而引起水位的波动。

(3) 液面以下蒸汽体积的变化对水位的影响，如式(2-66)右侧第三项所示。

由于液面下蒸汽体积与液面下两相混合物的平均空泡份额 $\overline{\alpha}$ 之间存在下列关系：

$$\overline{\alpha} = \frac{V_g}{V_g + V_f} = \frac{V_g}{V_t - V_d} \tag{2-68}$$

所以也可以把这一项影响因素看成汽水混合物平均空泡份额对水位的影响。

引起 $\overline{\alpha}$ 变化的因素主要有：

① 热负荷。

在蒸汽发生器负荷变化的大部分区域内，蒸汽发生器的循环倍率 K 与蒸汽发生器热负荷 D 成反比关系。而循环倍率 K 与平均空泡份额 $\overline{\alpha}$ 之间存在下列关系：

$$\overline{\alpha} = \frac{1}{1 + 2\theta \dfrac{\rho_s}{\rho_f} \cdot K} \tag{2-69}$$

其中 θ 为两相流的滑速比，它等于汽水两相流中汽相流速 W_s 与液相流速 W_f 之间的比值。

当蒸汽发生器热负荷发生变化时，由于循环倍率 K 发生变化，引起平均空泡份额的变化，从而影响水位也随之发生变化。

② 蒸汽压力。

从两个方面来理解蒸汽压力对平均空泡份额 $\overline{\alpha}$ 的影响：一方面，当压力下降时，液相下两相混合物中汽相体积膨胀，从而使 $\overline{\alpha}$ 增大；另一方面，当蒸汽压力下降时，液面下的饱和水变为过热水，从而使液相水大量汽化，$\overline{\alpha}$ 急剧增加。

由于这两个方面原因，当蒸汽发生器负荷突然增大时，由于蒸汽压力下降，液面下两相混合物平均空泡份额突然增大，造成水位的急剧上升。实际上，由于给水流量此时并未发生变化，蒸汽流量的增大破坏了蒸汽发生器的物料平衡，蒸汽发生器的水位很快会降下来。因此，我们称这种现象为假水位。由于假水位的存在，给水位控制带来了一定的困难。若在动态过程开始时，马上根据假水位信号关小给水调节阀，会使扰动加剧，使调节品质恶化。

③ 给水温度和给水流量。

船用核动力装置的蒸汽发生器给水温度一般较低，因此当给水流量和给水温度发生变化时，也会使 $\overline{\alpha}$ 发生变化。例如，在增加给水流量时，大量过冷水进入蒸汽发生器中，对液面以下两相混合物起冷凝作用，从而使 $\overline{\alpha}$ 下降，水位也随之受影响。

2. 给水流量扰动下水位特性

给水流量 G_{FW} 扰动包含两种情况：一种是由于给水调节阀开度变化而造成的给水流量扰动，另一种是由于给水调节阀前后压差发生变化而造成的给水流量扰动。前者是调节作用造成的流量扰动，称为基本扰动，后者可视为外部扰动。

当水位在不大的范围内变化时，可认为蒸汽发生器内容积水平方向截面积没有变化。

在稳态情况下，如果给水流量阶跃增大 ΔG_{FW}，在不考虑气泡作用时，从物料平衡出发，蒸汽发生器水位特性应与一般单容水箱相似，即：

$$C_o \frac{dz_1}{dt} = \Delta G_{FW} \tag{2-70}$$

前者 C_o 为常数；Z_1 表示水位，如图 2.5 所示(积分特性)。
由式(2-70)可知：

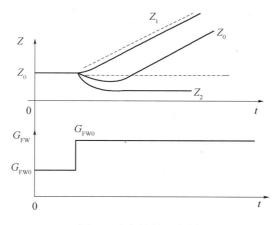

图 2.5 水位特性示意图

$$C_o = (\rho_{fo} - \rho_{so}) \cdot A_t \tag{2-71}$$

然而在一般情况下，给水温度比蒸汽发生器二次侧体内饱和水温度低，即给水具有一定的过冷度。所以给水进入汽筒后要从原有的饱和水中吸取一部分热量，致使水面下汽水混合物中气泡(总)容积减小。因此，如果只从水面下气泡容积变化着眼，则水位应下降(虚假水位)，直到给水温度升高到饱和温度(对应当时气压)时才不再变化，水位停止下降，如图 2.5 中曲线 Z_2 所示。

可见，在给水流量发生变化时，实际水位响应特性是由单容水箱特性(Z_1 曲线，呈积分特性)和欠热产生的水位特性(Z_2 曲线)的合成曲线 Z_0，其初始阶段有一个下降过程，即假水位现象。参看图 2.5。

因此，实际水位特性可由下列方程给出：

$$\frac{\mathrm{d}^2}{\mathrm{d}t^2}Z_{\mathrm{W}}(t)+\frac{1}{\tau}\frac{\mathrm{d}}{\mathrm{d}t}Z_{\mathrm{W}}(t)=\frac{1}{C_{\mathrm{o}}\cdot\tau}G_{\mathrm{FW}}(t) \qquad (2\text{-}72)$$

式(2-72)表明：给水流量与水位之间的关系可以近似地以一个积分环节和一个惯性环节串联来表示。

3. 蒸汽流量扰动下水位特性

蒸汽流量扰动 G_{S} 扰动由用汽设备的负荷变化造成。蒸汽流量阶跃增大时水位的影响曲线如图 2.6 所示。

单从物料平衡的角度，蒸汽流量 G_{S} 增大。水位下降，以图 2.6 中曲线 Z_{S1} 表示。蒸汽流量对水位的影响可用下式描述：

$$C_{\mathrm{o}}\frac{\mathrm{d}}{\mathrm{d}t}Z_{\mathrm{S1}}(t)=-G_{\mathrm{s}}(t) \qquad (2\text{-}73)$$

然而由于蒸汽流量的变化还引起空泡容积等一系列的变化，从而水位发生非物料平衡的变化。

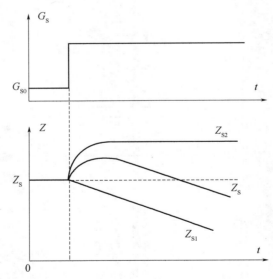

图 2.6 蒸汽流量扰动下的水位特性

由于对水面下气泡容积来讲，加入的是由循环水蒸发而产生的蒸汽量 G_{L}'，流出的是自蒸发面进入水面上蒸汽空间的蒸汽流量 G_{L}。在平衡工况下应是：

$$G_{\mathrm{L}}'=G_{\mathrm{L}}=G_{\mathrm{S}} \qquad (2\text{-}74)$$

可是，当耗汽负荷 G_{S} 增加时，气压下降，循环水变为过热，一部分水自蒸发成汽，使 G_{L}' 猛增，而 G_{L} 在开始瞬间保持原值，因而有失衡量 $(G_{\mathrm{L}}'-G_{\mathrm{L}})$ 加入水下汽容积，使气泡体积增加，水位上升，按图中曲线 Z_{s2} 形式变化。随之气泡体积的增加，进入液面上空腔的蒸汽流量 G_L 也相应增加(因汽水混合物的循环速度，随水面下气泡含量的增多而加快)，直至 G_L' 与 G_L 相等，气泡体积也就不再增加，水位不再上升。图中曲线 Z_{s2}，后来就呈平坦形状。用数学形式描述它如下：

$$C_2' \frac{\mathrm{d}Z_{s2}}{\mathrm{d}t} + \theta Z_{s2}(t) = \Delta G_s \qquad (2\text{-}75)$$

式中：

$Z_{s2}(t)$——虚假水位；

C_2'——水下汽容积对水位的飞升时间常数；

θ——水平汽容积的自平衡率。

可见，在蒸汽流量扰动的情况下，水位的变化特性应由式(2-74)和式(2-75)两式给出，即由二者合成而得下式：

$$C_2' C_o \frac{\mathrm{d}^2 Z_s(t)}{\mathrm{d}t^2} + C_o \theta \frac{\mathrm{d}Z_s(t)}{\mathrm{d}t} = \left(C_o - G_2'\right) \frac{\mathrm{d}}{\mathrm{d}t} G_s(t) - \theta G_s(t) \qquad (2\text{-}76)$$

式中：$Z_{s2}(t)$——蒸汽流量扰动下的水位特性。

上式表明：蒸汽流量 G_s 与水位 $Z_s(t)$ 之间的关系可以近似地用积分和惯性环节的关联来表示。两者的合成效应是：当蒸汽流量发生变化，如阶跃增加时，实际水位响应特性在初始阶段有一个上升过程，如图 2.6 中曲线 Z_s，这也是一种假水位现象。

2.4　冷却剂管道动力学模型与特性

1. 假设

一回路管道中，相同介质之间只有热量的转移过程而无传热过程，即管道是绝热的，无热量损失。管道中只有热量转移过程中的时间迟后。

2. 传输管道热动力学方程

设从反应堆出口到蒸汽发生器入口热量传输时间为 τ_3，而从蒸汽发生器出口到反应堆入口热量传输时间为 τ_4，则可得传输管道的动态方程，即：

$$T_{bi}'(t) = T_h'(t - \tau_3)$$

$$T_c'(t) = T_{bo}'(t - \tau_4)$$

3. 传输管道传递函数

对上式进行拉氏变换可得传输管道的传递函数：

$$\frac{T_{bi}'(s)}{T_h'(s)} = \mathrm{e}^{-\tau_3 s}$$

$$\frac{T_c^{'}(s)}{T_{bo}^{'}(s)} = e^{-\tau_4 s} \qquad (2-77)$$

式中：$\tau_3 = \dfrac{V_1}{G_{v1}}$，$\tau_3 = \dfrac{V_2}{G_{v2}}$

V_1——热管冷却剂的容积，m^3；

V_2——冷管冷却剂的容积，m^3；

G_{v1}——冷却剂在热管的体积流量，m^3/s；

G_{v2}——冷却剂在冷管的体积流量，m^3/s。

这种形式的传递函数表明温度信号的传递是经过延迟环节。在管子入口端的温度变化 $T(t)$，经过时间 τ 后在管子出口端截面上各点重现 $T(t)$ 函数。这也就是假定流体在管内呈层流状态，在同一截面上各点流速是一致的。这与实际情况是不相符合的。

当 τ_3、τ_4 值比较小时，可将指数式(2-77)展成泰勒级数。

$$e^{-\tau_3 s} = \frac{1}{e^{\tau_3 s}} = \frac{1}{1 + \tau_3 s + \dfrac{1}{2}\tau_3^2 s^2 + \cdots} \qquad (2-78)$$

$$e^{-\tau_4 s} = \frac{1}{e^{\tau_4 s}} = \frac{1}{1 + \tau_4 s + \dfrac{1}{2}\tau_4^2 s^2 + \cdots}$$

作为一次近似取其一次项，忽略高次项后得传递函数：

$$\frac{T_c^{'}(s)}{T_{bo}^{'}(s)} = \frac{1}{1 + \tau_4 s} \quad, \quad \frac{T_{bi}^{'}(s)}{T_h^{'}(s)} = \frac{1}{1 + \tau_3 s} \qquad (2-79)$$

上述两式所对应的物理现象是流体在管道内处于均匀混合的状态，这与实际情况也是有距离的。近似式(2-78)与指数式(2-79)的差别随着 τ_3、τ_4 的数值增大和频率的增高而增大。但 τ_3、τ_4 数值比较小时，用近似式不会带来大的误差，因为 τ_3、τ_4 数值小时，其对应的转折频率就比较高。在以后的温度反馈分析中可以看到，高频时温度反馈作用就消失了，所以用近似式不会给温度反馈带来大的误差，可作为一次近似使用，可以将管道近似为一个惯性环节。

2.5　反应堆及蒸汽发生器进出口混合效应动力学模型与特性

在前面管道动力学模型的讨论中，实际上假定了一回路冷却剂在管道中的流动都是互不相扰的层流。但在一回路中，冷却剂高速流动是存在着互相之间混合的。特别是当管道形状改变或截面变更时，流量要进行重新分配，必然要形成流体的混合。如在反应堆和蒸汽发生器的进出口处，由于管道突然改变和形成的空腔，必然使冷却剂的流量重新分配，形成冷却剂的混合。

为了简化，假定冷却剂的混合只发生在反应堆和蒸汽发生器的进出口空腔处。假定反应堆或蒸汽发生器的出入口空腔是绝热的，冷却剂在空腔内得到充分的混合。空腔的体积为 V，输入输出的流量为 $G_1=G_2=G$，原来空腔内冷却剂的温度为 T_0。

若在时间 $t=0$ 时，输入处有一温度变化 T_i，在 Δt 时间内，具有温度 T_i 的冷却剂 $G_1\Delta t$ 流入空腔内。空腔内具有温度为 T_0 的冷却剂为 $V-G_1\Delta t$。由于空腔内具有不同温度的冷却剂，所以要发生混合。若空腔内温度在混合以后为 $T_0+\Delta T_0$，则其热量平衡方程式为：

$$C_w \cdot V(T_0+\Delta T_0)= C_w G\Delta t \cdot T_i + C_w (V-G\Delta t)\cdot T_0$$

整理得：

$$\frac{\Delta T_0}{\Delta t} = \frac{G}{V}T_i - T_0$$

当 $\Delta t \to 0$，取极限得：

$$\frac{dT_0}{dt} = \frac{G}{V}T_i - T_0 \qquad (2\text{-}80)$$

上式就是混合效应的动态方程式，取增量并进行拉氏变换后得混合效应的传递函数：

$$G_m(s) = \frac{T_0(s)}{T_i(s)} = \frac{1}{1+\tau_m s} \qquad (2\text{-}81)$$

式中：$\tau_m=V/G$——混合效应的时间常数。

反应堆及蒸汽发生器进出口混合效应的传递函数分别为：

$$G_{m1}(s) = \frac{T_{bi}(s)}{T_{bi}^{'}(s)} = \frac{1}{1+(V_{bi}/G_v)s} = \frac{1}{1+\tau_{m1}s}$$

$$G_{m3}(s) = \frac{T_{b0}^{'}(s)}{T_{b0}(s)} = \frac{1}{1+(V_{bo}/G_v)s} = \frac{1}{1+\tau_{m3}s}$$

$$G_{m2}(s) = \frac{T_c(s)}{T_c^{'}(s)} = \frac{1}{1+(V_{ri}/G_v)s} = \frac{1}{1+\tau_{m2}s} \qquad (2\text{-}82)$$

$$G_{m4}(s) = \frac{T_h^{'}(s)}{T_h(s)} = \frac{1}{1+(V_{ro}/G_v)s} = \frac{1}{1+\tau_{m4}s}$$

式中：

T_c，T_h——反应堆活性区进出口温度，℃；

$T_c^{'}$，$T_h^{'}$——反应堆进出口温度，℃；

T_{bi}，T_{bo}——蒸汽发生器加热管进出口温度，℃；

$T_{bi}^{'}$，$T_{bo}^{'}$——蒸汽发生器进出口温度，℃；

V_{ri}，V_{ro}——反应堆进出口空腔体积，m^3；

V_{bi}，V_{bo}——蒸汽发生器进出口空腔体积，m^3；

G_v——冷却剂进入空腔的体积流量，m^3/s。

为了计算和分析的方便，一般只考虑反应堆和蒸汽发生器的入口混合效应。反应堆出口的空腔体积加到热管体积中，而蒸汽发生器出口的空腔体积加到冷管体积中。

2.6　核动力一回路系统的传递函数与特性

前面求出了核动力一回路系统各主要装置设备的传递函数，这些装置设备是彼此连接的，构成一个能量产生与传输的闭式环路。为了研究反应堆动力系统的动态特性，还必须求出整个系统的传递函数。

2.6.1　一回路系统的内部反馈

图 2.7 给出了核动力系统一回路原理框图。从图中可以看出，在一回路系统中包括了两个反馈回路：第一个反馈回路是反应堆温度反应性反馈回路；第二个反馈回路是包括反应堆热动力学系统、冷却剂管道和蒸汽发生器在内的温度反馈回路。

温度反馈回路是指在反应堆功率变化的动态过程中，一回路冷却剂水在反应堆内受热后，离开反应堆，经管道流入蒸汽发生器，在蒸汽发生器内将热量传递给二回路，然后离开蒸汽发生器，经过管道返回反应堆的过程。

温度反应性反馈回路是指在反应堆堆芯，由于某种原因引起反应性变化，导致中子注量率发生变化，引起核功率发生变化，改变燃料温度和冷却剂温度，又反过来引起反应性变化的过程。

图 2.8 给出了带有前面推导的传递函数的方框图。其中 G_{m1}、G_{m2} 分别为蒸汽发生器和反应堆入口空腔混合效应的传递函数；$G_{\tau1}$、$G_{\tau2}$ 为热管和冷管的时迟传递函数；$K_T G_T(s)$ 为反应堆冷却剂温度反应性反馈回路开环传递函数；$K_f G_f(s)$ 为燃料温度反应性反馈回路开环传递函数；$K_L G_L(s)$ 为反应堆动力系统温度反馈回路开环传递函数。

根据图 2.8 给出的传递函数方框图，可以求出反应堆核动力装置以反应性扰动和负荷扰动为输入的传递函数。

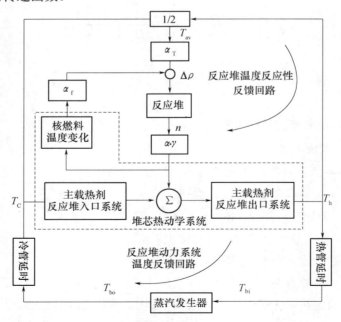

图 2.7　反应堆动力系统控制回路原理框图

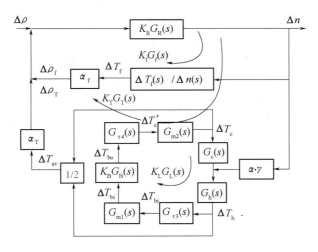

图 2.8　反应堆动力系统控制回路传递函数框图

2.6.2　核动力装置系统的耦合机理分析

对于反应堆及一回路系统的综合监控系统，其总体目标是保证反应堆及一回路系统的安全运行，使其按照要求发出需要的核功率，并维持各种参数在正常范围内波动。总体控制目标是通过对各个重要参数的控制来实现的。

反应堆及一回路系统各参数间的耦合机制主要体现在核动力系统的各种内部反馈中。从控制和运行的角度出发，需要重点关注的主要包含：① 冷却剂温度反馈回路；② 燃料和冷却剂温度反应性反馈回路，前者影响后者。由于冷却剂温度的改变，还会导致一回路冷却剂体积的改变，进而导致稳压器压力和水位的改变；另外，还会引起蒸汽发生器内一次侧向二次侧传递的能量发生变化，进而引起蒸汽发生器水位和压力的变化。

下面简要分析核动力装置主要运行参数之间的相互影响关系。这些参数也是核动力装置控制系统需要控制的参数。

(1) 控制棒棒位。控制棒棒位的改变会导致堆芯反应性的改变，从而直接影响反应堆的核功率，进而影响燃料温度和冷却剂平均温度，从而对稳压器压力和水位、蒸汽发生器压力和水位等均产生影响。

(2) 一回路冷却剂平均温度。冷却剂平均温度是一个非常重要的参数，是各种耦合效应的中间传递环节，会影响到反应堆功率、稳压器压力和水位、蒸汽发生器压力和水位等。

(3) 蒸汽发生器负荷蒸汽流量。蒸汽发生器负荷蒸汽流量直接反映了二回路从一回路带走的能量，会直接影响蒸汽发生器压力和水位，间接影响一回路冷却剂平均温度，进而对反应堆功率、稳压器压力和水位等均产生影响。

(4) 蒸汽发生器给水流量。蒸汽发生器给水流量会直接影响蒸汽发生器压力、水位和二次侧温度，间接影响一回路冷却剂平均温度，进而对反应堆功率、稳压器压力和水位等均产生影响。

（5）稳压器电加热功率。稳压器电加热功率会直接影响稳压器压力，同时也会影响稳压器水位和冷却剂平均温度。但后两种影响的程度较小，一般可不予考虑。

（6）稳压器喷雾流量。稳压器喷雾流量主要影响稳压器压力和水位。

（7）稳压器蒸汽释放与安全排放。稳压器蒸汽释放与安全排放会直接影响稳压器压力、水位等参数。

（8）补水流量。补水时会导致冷却剂总装载量增加。同时，由于补水温度较低，故补水时会导致冷却剂平均温度降低，从而引起反应堆功率增加，并进而引起一回路压力、稳压器水位、蒸汽发生器压力和水位等的变化。

复 习 题

1. 什么是集总参数分析方法？如何推导核反应堆点堆模型的传递函数？
2. 为什么要对反应堆的传递函数进行简化？如何简化？
3. 试描述反应堆核动力学特性及其影响因素。
4. 试推导核反应堆热动力学系统传递函数。
5. 试推导蒸汽发生器的传递函数，并分析其水位的影响因素。
6. 试分析蒸汽发生器假水位的产生机理。
7. 试推导一回路冷却剂管道的传递函数。
8. 试推导核反应堆及蒸汽发生器进出口混合效应的传递函数。
9. 核反应堆动力系统内部反馈回路由哪几部分组成？
10. 核动力装置主要运行参数之间的相互影响关系有哪些？

第3章　核动力装置稳定性分析

核动力装置安全运行的必要前提之一是核反应堆及其控制系统的设计必须是稳定的。反应堆在一定功率水平下运行时，反应性变化以后，反应堆功率发生变化。而功率变化后，又引起堆内某些物理参数(例如，温度、压力、毒素、汽泡量等)或者几何形状(例如燃料棒弯曲度等)发生改变，这种改变反过来又引起反应性的变化，从而使堆功率进一步变化。也就是说，反应堆本身存在一种"固有反馈"或"内在反馈"。这种反馈影响反应堆及其动力装置的稳定性，因此，必须对其进行分析。

反应堆及一回路系统各参数间的耦合机制主要体现在核动力系统的各种内部反馈中。在稳定性分析中，需要重点关注的内部反馈回路主要包括：①冷却剂温度反馈回路；②燃料和冷却剂温度反应性反馈回路。前者影响后者。此外，由于冷却剂温度的改变，一方面会导致一回路冷却剂体积的改变，进而导致稳压器压力和水位的改变；另一方面会引起蒸汽发生器内一次侧向二次侧传递的能量发生变化，进而引起蒸汽发生器水位和压力的变化。

本章主要讨论反应堆及其动力装置的稳定性问题。

3.1　动态系统的稳定性

对于一个动态系统，如果在某种外部扰动作用后，系统的平衡状态被破坏，系统对其平衡态产生了一定的偏差，在扰动去除以后，系统能自行恢复其原来的状态，则称该系统是稳定的，否则系统是不稳定的。

一般线性系统的动态微分方程的表示式为：

$$a_0 \frac{\mathrm{d}^n y}{\mathrm{d}t^n} + a_1 \frac{\mathrm{d}^{n-1} y}{\mathrm{d}t^{n-1}} + \cdots + a_{n-1} \frac{\mathrm{d}y}{\mathrm{d}t} + a_n y = b_0 \frac{\mathrm{d}^m u}{\mathrm{d}t^m} + b_1 \frac{\mathrm{d}^{m-1} u}{\mathrm{d}t^{m-1}} + \cdots + b_m u \tag{3-1}$$

式中：y——系统的输出量，u——系统的输入量。

初始条件为零时，对方程(3-1)两边进行拉氏变换，得该系统的传递函数为：

$$\frac{Y(s)}{U(s)} = \frac{b_0 s^m + b_1 s^{m-1} + \cdots + b_{m-1} s + b_m}{a_0 s^n + a_1 s^{n-1} + \cdots + a_{n-1} s + a_n} \tag{3-2}$$

为了研究系统受到瞬时扰动后的稳定性，假定输入量 $U(t) = \delta(t)$，即加上一个单位脉冲函数，其拉氏变换为：

$$U(s) = \int_0^\infty \delta(t)\mathrm{e}^{-st}\mathrm{d}t = 1$$

则
$$Y(s) = \frac{b_0 s^m + b_1 s^{m-1} + \cdots + b_{m-1}s + b_m}{a_0 s^n + a_1 s^{n-1} + \cdots + a_{n-1}s + a_n} = \frac{M(s)}{D(s)} \tag{3-3}$$

系统是否稳定，主要看方程(3-3)表示的输出，当 $t \to \infty$ 时是否能保持为有限值或者趋近于零。$M(s)$ 和 $D(s)$ 分别为分子和分母的多项式。

方程(3-3)可改写为：

$$Y(s) = \frac{b_0 s^m + b_1 s^{m-1} + \cdots + b_{m-1}s + b_m}{(s - p_1)(s - p_2)\cdots(s - p_n)} \tag{3-4}$$

式中：p_1，p_2，…，p_n——方程(3-3)的分母 $D(s)=0$ 的根。

应用部分分式法，当特征方程无重根时，可以求得：

$$Y(s) = \frac{k_1}{(s - p_1)} + \frac{k_2}{(s - p_2)} + \cdots + \frac{k_n}{(s - p_n)} = \sum_{i=1}^{n} k_i \frac{1}{s - p_i} \tag{3-5}$$

式中：$k_i = \lim\limits_{s \longrightarrow p_i} (s - p_i)Y(s)$　$(i=1，2，…，n)$。

于是得
$$y(t) = \sum_{i=1}^{n} k_i \mathrm{e}^{p_i t} \tag{3-6}$$

容易看出，要 $y(t)$ 趋向于稳定的有限值，必须要求 p_i 具有负的实部，也就是特征方程 $D(s)=0$ 的根必须分布在复平面中虚轴的左边，否则，$y(t)$ 将趋向于无穷大或产生自持振荡。

如果 $D(s)$ 包含 m_j 个重根 p_j，则 $y(t)$ 中将包含像 $t^{h_j}\mathrm{e}^{p_j t}(h_j=0，1，2，…，m_j-1)$ 这样一些项。对于稳定系统，由于 p_j 的实部为负，所以 $t^{h_j}\mathrm{e}^{p_j t}$ 各项随着 t 趋于无穷大而趋于零。

总之，线性系统稳定的充要条件是：所有特征方程的实根必须是负的，而所有特征方程的复根，必须有负的实部。

3.2　核动力系统冷却剂温度反馈回路分析

核动力系统温度反馈回路的构成是：在反应堆功率变化的动态过程中，一回路冷却剂在反应堆内受热后，离开反应堆，经管道流入蒸汽发生器，在蒸汽发生器内将热量传递给二回路，使自己的温度波动减弱，然后离开蒸汽发生器，经过管道返回反应堆。由此可以看出，冷却剂的循环回路就是温度反馈回路。

根据图2.8，可以得到核动力系统温度反馈回路各环节构成结构框图，如图3.1所示。由反应堆的功率变化(Δn)到一回路冷却剂平均温度变化(ΔT_{av})这一动态过程的传递函数为：

$$\frac{T_{av}}{\Delta n}(s) = \frac{\alpha \gamma}{2} G_h(s) \frac{1 + K_L G_L(s) / G_h(s) G_c(s)}{1 - K_L G_L(s)}$$

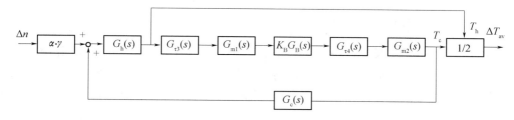

图 3.1　反应堆一回路冷却剂温度反馈回路框图

3.2.1　温度反馈回路开环特性

根据第 2 章中所建立的各环节的传递函数，可以得到温度反馈回路的开环传递函数为：

$$K_L G_L(s) = G_h(s) \cdot G_{\tau3}(s) \cdot G_{m1}(s) \cdot G_{m2}(s) \cdot G_{\tau4}(s) \cdot K_B G_B(s) G_C(s)$$

$$= K_B \cdot \frac{(1+\tau_c s)(1+\tau_{bi} s)(1-\tau_c' s)}{(1+\tau_{bo} s)(1+\tau_h s)(1+\tau_h' s)(1+\tau_{m1} s)(1+\tau_{m2} s)} \cdot e^{-(\tau_3+\tau_4)s} \qquad (3\text{-}7)$$

或者

$$K_L G_L(s) = K_B \cdot \frac{(1+\tau_c s)(1+\tau_{bi} s)(1-\tau_c' s)}{(1+\tau_{bo} s)(1+\tau_h s)(1+\tau_4 s)(1+\tau_3 s)(1+\tau_h' s)(1+\tau_{m1} s)(1+\tau_{m2} s)} \qquad (3\text{-}8)$$

由上式可见，K_B 就是温度反馈回路的开环放大系数 K_L。在温度反馈回路中，反应堆是热能源，假设一回路是绝热的，无热能损失，则蒸汽发生器是回路中唯一的热能吸收装置。从热能的传输来看，在满功率时，蒸汽发生器传热管中冷却剂的流速最大，管子的表面热负荷(传输热量)最大，使得一、二回路热交换性能最好。因此，蒸汽发生器在其额定功率运行时，吸热能力为最大。于是，冷却剂通过蒸汽发生器以后的温度波动小，即蒸汽发生器的放大系数 K_B 小。在相同冷却剂流量不同功率工况下、不同冷却剂流量相同功率下，由于从单位体积的冷却剂中抽取的热能不同，所以 K_B 也不相同。

稳态时(即 $s=0$)，$K_L G_L(0) = K_L = K_B$，所以稳定工况下，温度反馈回路的特性就是蒸汽发生器的热量传输特性。

通过 $K_L G_L(s)$ 的频率特性来分析温度反馈回路开环动态特性，可以发现：

(1) 随着频率的增加其幅值衰减得很快，尤其 $\omega > 1$ 后，幅值衰减得更快。

(2) 在低频范围($\omega=0\sim0.1\text{rad/s}$)，$K_L G_L(jw)$ 的特性完全由蒸汽发生器的特性来决定，即 $K_L G_L(s) = K_B G_B(s)$。

(3) 当 $\omega > 0.1\text{rad/s}$，回路对冷却剂的混合搅拌作用开始起作用，使幅值衰减得更快一些。在 $\omega > 1$ 的高频范围，由于显著的混合效应和热惯性的作用，使 $K_L G_L(s)$ 的幅值非常小，回路的温度反馈作用实际上已经消失了。

由分析可得如下结论：温度反馈回路的作用频率范围为 $\omega=0\sim1\ \text{rad/s}$，其特性主要由蒸汽发生器特性所决定。

3.2.2 温度反馈回路特性

冷却剂回路的温度反馈在性质上是属于正反馈,因为由蒸汽发生器返回活性区的温度信号不是抵消原来的温度变化,而是助长原来的温度变化。但在动态过程中,由于回路温度的正反馈作用,使冷却剂温度波动的幅度增大了。如反应堆出口温度的波动,由没有反馈时的 $\frac{\alpha\gamma}{2}G_h(s)\cdot\Delta n$ 变成为 $\frac{\alpha\gamma}{2}\cdot G_h(s)\cdot\frac{1}{1-K_LG_L(s)}\Delta n$,使 T_h 的幅度增大了 $\frac{1}{1-K_LG_L(s)}$ 倍,冷却剂平均温度的波动增大了 $\frac{1+K_B}{1-K_B}$ 倍。K_B 越大,反馈越强,放大的倍数就越大。

通过频率特性分析温度反馈的动态特性可知:

(1) 温度反馈增大了冷却剂温度在动态过程中的滞后,且在 $\omega<0.1\mathrm{rad/s}$ 范围内出现最大相位移。

(2) 幅频特性。在 $\omega<0.1\mathrm{rad/s}$ 范围内,随着 ω 的增加其幅值衰减很快,而且低流量低功率工况比满工况衰减更快。这主要是因为冷却剂流量的减少使流速降低,使各种延迟加大,因而其作用的频带向低频延伸,故低频衰减增强。当 $\omega>0.1$ 以后,其反馈幅值趋近于 0dB。

(3) 其幅相特性随频率变化产生衰减振荡的特性。这种振荡的主要原因是冷却剂在闭环中循环,把热量从一点传输到另一点的时间延迟,使得输入的温度信号和反馈的温度信号间的相位移随频率的增加而增加。这样两个温度信号周期性的相加或相减,即产生了回路中最大和最小的温度起伏(振荡)。

3.3 反应堆温度反应性反馈回路分析

如图 2.5 所示,在压水反应堆内实际存在着两个温度反应性反馈回路,即① 冷却剂温度反应性反馈,其反馈系数为 α_T;②燃料温度反应性反馈,其反馈系数为 α_f。压水堆之所以有比较好的自稳定性能和对负荷功率变化的自调节性能,就是由于它具有可靠的温度反应性反馈作用。尤其是对于以 UO_2 为燃料的反应堆,一方面由于燃料的核特性使得多普勒效应比较大,另一方面由于燃料的热工特性(传热性能不好)使得燃料在变工况中温度变化比较大,所以 α_f 的反馈作用是不能忽略的。

由于温度反应性反馈回路与反应堆内及一回路复杂的传热过程联系在一起,所以其动态过程比较复杂。下面具体讨论这一反馈回路对稳定性的影响。

3.3.1 温度反应性反馈回路分析

从前面推导反应堆及其动力装置的传递函数时已经看到,反应堆的功率变化将要引起燃料温度和冷却剂温度的变化,通过冷却剂温度反应性系数 α_T 和燃料温度反应性系数 α_f 引起反应性变化,这反过来又引起堆的功率变化。这就是温度反应性反馈过程。

1. 温度反应性反馈回路传递函数

由于温度反馈回路只在低频范围内起作用，在分析温度反应性反馈回路时，暂不考虑其作用，即把反应堆冷却剂入口温度 T_c 看作恒值不变，这样就使温度反馈回路断开。温度反应性反馈回路结构框图如图 3.2 所示。

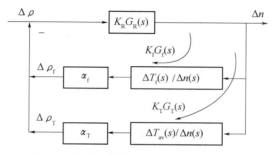

图 3.2　核动力系统温度反应性反馈回路

核功率与反应性输入之间的闭环传递函数为：

$$K_{RT}G_{RT}(s) = \frac{\Delta n}{\Delta \rho}(s) = \frac{K_R G_R(s)}{1 + K_T G_T(s) + K_f G_f(s)} \tag{3-9}$$

代入第 2 章所得到的各环节传递函数，上式成为：

$$K_{RT}G_{RT}(s) = \frac{K_R G_R(s)}{1 + K_R G_R(s)[\alpha_T \dfrac{T_{\alpha v}}{\Delta n}(s) + \alpha_f \dfrac{T_f}{\Delta n}(s)]} = \frac{K_R G_R(s)}{1 + K_R G_R(s) \cdot K_{TC} G_{TC}(s)} \tag{3-10}$$

其中：

$$K_{TC}G_{TC}(s) = \frac{\Delta K_T}{\Delta n}(s) = \alpha_T \frac{T_{\alpha v}}{\Delta n}(s) + \alpha_f \frac{T_f}{\Delta n}(s) \tag{3-11}$$

为反应堆双温度反应性反馈传递函数。

由于不计温度反馈回路的影响，即 $\Delta T_c = 0$，所以式(3-7)中 $K_L G_L(s) = 0$，即得到：

$$\frac{\Delta T_{\alpha v}}{\Delta n}(s) = \frac{1}{2}\alpha\gamma \cdot G_h(s) = \frac{\alpha\gamma}{2} \cdot \frac{1}{(1+\tau_h)(1+\tau_h' s)} \tag{3-12}$$

由堆芯的传热方程式：

$$\Delta p = \alpha\Delta n = (mc)_f \frac{\alpha\Delta T_f}{\Delta t} + KA_f(\Delta T_f - \Delta T_{\alpha v}) \tag{3-13}$$

可得：

$$\frac{\Delta T_f(s)}{\Delta n(s)} = \frac{1}{1+\tau_f s}\left(\frac{\alpha}{KA_f} + \frac{\Delta T_{\alpha v}(s)}{\Delta n(s)}\right) \tag{3-14}$$

将式(3-12)代入得：

$$\frac{\Delta T_f(s)}{\Delta n(s)} = \frac{\dfrac{\alpha}{KA_f}(1+\tau_h s)(1+\tau_h' s) + \dfrac{\alpha\gamma}{2}}{(1+\tau_f s)(1+\tau_h s)(1+\tau_h' s)} \tag{3-15}$$

将式(3-12)、式(3-15)代入式(3-11)得:

$$K_{TC}G_{TC}(s) = \frac{\alpha\gamma}{2} \cdot \frac{1}{(1+\tau_h)(1+\tau_h's)} + \alpha_f \frac{\frac{\alpha}{KA_f}(1+\tau_h s)(1+\tau_h's) + \frac{\alpha\gamma}{2}}{(1+\tau_f s)(1+\tau_h s)(1+\tau_h's)}$$

$$= \frac{\alpha\gamma}{2} \cdot \frac{1}{(1+\tau_f s)(1+\tau_h s)(1+\tau_h's)} \{\alpha_T(1+\tau_f s) + \alpha_f[\frac{2}{\gamma KA_f}(1+\tau_h s)(1+\tau_h's)+1]]\} \quad (3-16)$$

$$= \frac{\alpha\gamma}{2} \cdot \frac{(As^2+Bs+C)}{(1+\tau_f s)(1+\tau_h s)(1+\tau_h's)}$$

其中:

$$A = \frac{2\tau_h \cdot \tau_h'}{\gamma KA_f} \cdot \alpha_f ; \quad B = \frac{2(\tau_h+\tau_h')}{\gamma KA_f} + \alpha_f + \tau_f\alpha_T ; \quad C = (\frac{2}{\gamma KA_f}+1)\alpha_f + \alpha_T \quad (3-17)$$

对式(3-16)进行整理后得:

$$K_{TC}G_{TC}(s) = \frac{\alpha}{(mc)_f} \cdot \alpha_f \cdot \frac{(s^2 + \frac{B}{A}s + \frac{C}{A})}{(s+1/\tau_f)(s+1/\tau_h)(s+1/\tau_h')} \quad (3-18)$$

由式(3-17)、式(3-18)可以看出，温度反应性系数 α_T，α_f 集中影响传递函数 $K_{TC}G_{TC}(s)$ 的零点位置，α_f 还影响 k_{TC} 的大小和极性。

若反应堆取等效单组缓发中子，则具有双温度反应性反馈回路的反应堆闭环特征方程式为:

$$1 + \frac{n_0}{l}\frac{\alpha}{(mc)_f} \cdot \alpha_f \cdot \frac{(s+\bar{\lambda})(s+z_1)(s+z_2)}{(s+\bar{\gamma})(s+1/\tau_f)(s+1/\tau_h)(s+1/\tau_h')} = 0 \quad (3-19)$$

其中: $\bar{\gamma} = \bar{\lambda} + \frac{\beta}{l}$，$\bar{\lambda} = \beta / \sum_{i=1}^{6}\beta_i / \lambda_i$

$$z_1 = \frac{1}{2}\left(-\frac{B}{A} + \sqrt{(B/A)^2 - 4\cdot(C/A)}\right)$$

$$z_2 = \frac{1}{2}\left(-\frac{B}{A} - \sqrt{(B/A)^2 - 4\cdot(C/A)}\right) \quad (3-20)$$

$$B/A = \frac{\tau_h + \tau_h'}{\tau_h \cdot \tau_h'} + \frac{\gamma \cdot KA_f \cdot \tau_f}{2\tau_h \cdot \tau_h'} \cdot \frac{\alpha_T}{\alpha_f} \quad (3-21)$$

$$C/A = \frac{(2+\gamma \cdot KA_f)}{2\tau_h \cdot \tau_h'} + \frac{\gamma \cdot KA_f}{2\tau_h \cdot \tau_h'} \cdot \frac{\alpha_T}{\alpha_f} \quad (3-22)$$

其开环传递函数为:

$$K_R G_R(s) \cdot K_{TC}G_{TC}(s) = \frac{n_0}{l}\frac{\alpha}{(mc)_f} \cdot \alpha_f \cdot \frac{(s+\bar{\lambda})(s+z_1)(s+z_2)}{(s+\bar{\gamma})(s+1/\tau_f)(s+1/\tau_h)(s+1/\tau_h')} \quad (3-23)$$

2. 温度反应性反馈回路对稳定性的影响

下面应用奈奎斯特准则分析讨论 α_T，α_f 对反应堆稳定性的影响。

根据式(3-23)，可以绘制出不同 α_T 和 α_f 取值情况下，相应系统的开环幅相频率特性曲线，如图 3.3 所示，并据此分析 α_T 和 α_f 的取值对反应堆稳定性的影响。

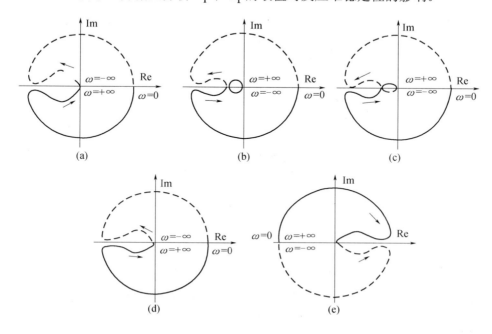

图 3.3 不同 α_T 和 α_f 取值情况下反应堆系统的开环幅相频率特性曲线

温度反应性反馈系数 α_T 和 α_f 分别取不同符号并满足一定条件，可有以下几种情况：

(1) α_T 为正，α_f 为负，且 $\left|\dfrac{\alpha_T}{\alpha_f}\right| < (1 + \dfrac{2}{\gamma \cdot KA_f})$，奈奎斯特图如图 3.3(a)所示。轨迹不包围(-1,j0)点，系统完全稳定，但瞬态特性可能不好。

(2) α_T 为负，α_f 为正；或 α_T 为正，α_f 为负，且 $\left|\dfrac{\alpha_T}{\alpha_f}\right| > (1 + \dfrac{2}{\gamma \cdot KA_f})$ 时，奈奎斯特图分别如图 3.3(b)和(c)所示。系统稳定性与系统增益有关，增益小，系统稳定；增益大，系统不稳定。

(3) α_T 为负，α_f 为负时，奈奎斯特图如图 3.3(d)所示。轨迹不包围(-1,j0)点，系统完全稳定。

(4) α_T 为正，α_f 为正时，奈奎斯特图如图 3.3(e)所示。轨迹包围(-1,j0)点 1 次，系统不稳定。

(5) α_T 为负，α_f 为正，且 $\left|\dfrac{\alpha_T}{\alpha_f}\right| < (1 + \dfrac{2}{\gamma \cdot KA_f})$ 时，奈奎斯特图如图 3.3(e)所示。轨迹包围(-1,j0)点 1 次，系统不稳定。

综上所述，闭环系统的稳定区域亦可用 α_f、α_T 的参数平面表示出。如图 3.4 所示。其中，不稳定的边界条件是 $\left|\dfrac{\alpha_T}{\alpha_f}\right|=1+\dfrac{2}{\gamma\cdot KA_f}$。

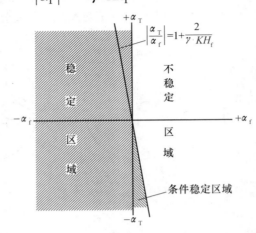

图 3.4　α_T，α_f 参数平面内反应堆系统稳定区域

3. 小结

上面讨论了两个温度反应性反馈回路对于反应堆稳定性的影响，现总结如下：

(1) 对于压水反应堆，两个温度反应性反馈回路是同时存在的，而且为了保证反应堆有足够的自稳定性，通常设计这两个温度反应性反馈回路皆为负反馈(α_T、α_f 均为负值)。但 $|\alpha_T|$ 值也不能取得太大，否则可能导致系统出现不稳定。

(2) 反应堆的自稳定性主要取决于堆本体的核特性和热工特性。核动力系统的温度反馈回路只影响反应堆的低频性能($\omega<0.1\text{rad/s}$)，而反应堆的稳定性主要取决于高频特性。所以，温度反馈回路对反应堆稳定性影响不是很大。一般在研究反应堆稳定性时可不予考虑。

(3) 在高频区，$\omega>1$ 以后，由于 $K_L G_L(\mathrm{j}\omega)\approx0$，即 $\dfrac{1}{1-K_L G_L(\mathrm{j}\omega)}\approx1$，温度反馈回路的作用已全部消失。而这时反应堆的开环传递函数为：

$$K_T G_T(s)/\alpha_T=K_R G_R(s)\cdot\dfrac{\alpha\gamma}{2}G_h(s)$$

它由两部分组成：

① 反映反应堆核特性的 $K_R G_R(s)$。$K_R G_R(\mathrm{j}\omega)$ 在 $1<\omega<100$ 范围内，6 组缓发中子相继参加作用。中子增殖的幅值频率特性可以近似用一不变的幅值(放大系数)来表示，相角频率特性可以近似为 $-90°$。因此，反应堆的开环特性主要由反应堆的传热特性来决定。

② 反映反应堆传热特性的 $\dfrac{\alpha\gamma}{2}G_h(s)$。由式 $\alpha\gamma\cdot n=T_h-T_c$ 可知，$\alpha\gamma\propto(T_h-T_c)$，反应堆进出口温差 $\Delta T=T_h-T_c$ 正比于堆开环高频区的幅值。ΔT 大则开环高频的幅值即高，这就有可能使堆的运行进入不稳定区域。因此，温差越小堆的稳定性越好，而在相同功

率水平下，冷却剂的流量越大，其温差就越小。所以，可以得到这样的结论：对应大流量、小温差的反应堆，其自稳定性能更高。

③ τ_h，$\tau_h^{'}$ 对稳定性的影响。

从推导 $G_h(s)$ 的过程中可以看出：

$$G_h(s) = \frac{1}{\frac{\tau_0\tau_f}{2} \cdot s^2 + [\frac{\tau_0}{2}(\frac{\tau_f}{\tau_2}+1)+\tau_f]s+1} = \frac{1}{(1+\tau_h s)(1+\tau_h^{'} s)}$$

是两个串联的一阶惯性环节。它反映了堆芯传热过程中的两个时间延迟，一个是燃料元件温升过程中的时间延迟，一个是冷却剂温升过程中的时间延迟。由上式可以清楚地看出，$G_h(s)$ 的两个极点($-\frac{1}{\tau_h}$，$-\frac{1}{\tau_h^{'}}$)形成了影响反应堆动态过程的主要极点。它在根平面的位置稍有变动，对系统的动态性能影响很大。

由 τ_h、$\tau_h^{'}$ 所决定的极点位置相距越远，系统就越稳定(如满工况)，相距越近系统稳定性越差(如低工况)。τ_h 和 $\tau_h^{'}$ 是 τ_f、τ_2 和 τ_0 的函数，其数值大小取决于反应堆大小的燃料重量、冷却剂重量和冷却剂流量的相互配合，在反应堆的物理和热工设计中必须考虑稳定性的要求，以保证 τ_h、$\tau_h^{'}$ 相差更大一些。τ_h 主要取决于 τ_f 的大小，一般对于以 UO_2 为燃料元件的反应堆 $\tau_h = 3 \sim 6s$，$\tau_h^{'}$ 主要取决于 $\tau_0 = \frac{m}{G_0}$，冷却剂的流量 G 越大，τ_0 越小，即 $\tau_h^{'}$ 越小。

总之，从满足反应堆的稳定性要求出发，在一定的燃料和水(冷却剂)的重量下(即水铀比)，希望采用大流量、小温差热工方案，以使 K_T 减小，使 τ_h 和 $\tau_h^{'}$ 的数值拉开，提高反应堆及其动力系统的稳定性能。并且，高工况时，系统的稳定性更好；低工况时，系统的稳定性较差，并且动态过程要变慢，使动态品质也变坏了。

④ α_T 的绝对值太小对于改善系统的动态品质是不利的。所以，一般是在保证系统有一定的稳定储备的条件下，使 α_T 的绝对值尽可能的大一些，以改善系统的动态品质。

(4) 反应堆的运行工况对稳定性也有影响。在低功率区，温度反馈强烈，因而其不利影响严重；在高功率区，由于蒸汽发生器内热交换性好，因而温度反馈的不利影响减弱。因此，总的来说高功率运行工况时，系统的稳定性更好。

3.3.2 压水堆核动力系统的自稳自调特性

影响核反应堆动态特性的主要因素是燃料和冷却剂温度反应性反馈。船用核动力装置通常采用压水反应堆，燃料和冷却剂温度反应性反馈系数总是设计为负的，使得在内部负反馈作用下，核反应堆具有自稳自调特性，这有利于核动力装置具有固有安全性，也有利于其控制系统的设计。

1. 自稳定特性

核动力装置的自稳特性是指反应堆在出现内外反应性扰动时，即使不用外部控制，核反应堆也能自动消除扰动的影响，经过一段过渡过程后反应堆能够自动达到并维持新的稳定状态的特性。例如，当核反应堆中引入一个正的反应性扰动时，反应堆中子注量率将增加，燃料温度增加，冷却剂温度也随之增加，由于温度反应性反馈效应，将产生一个负的反应性，使反应堆中子注量率降下来，从而抵消正的反应性扰动的作用，使反应堆达到一个新的平衡状态。

反应堆自稳定性具有以下特点：

(1) 自稳定性与温度反应性反馈系数的正、负及大小有关。压水堆的自稳性来自负的反应性温度反馈效应。由于多普勒效应的时间常数相对较短，是一种即时反馈，堆功率发生突变时燃料温度效应能起及时的抑制作用，所以，一般情况下其值的绝对值较大时对系统的稳定性更为有利。而冷却剂的温度变化有较大的时间滞后，因而冷却剂温度的温度效应的作用也有一定的时间滞后。一般来说恰当的负冷却剂温度系数有利于系统的稳定，但负得太大，则有可能引起系统的不稳定，出现波动或振荡。因此，在具体选择时，必须综合考虑这些因素。

(2) 动态过程与引入的反应性扰动大小有关。在其他条件不变的情况下，引入的反应性扰动越大，则参数(如核功率、温度等)波动越剧烈，调节时间越长。

(3) 过渡过程与起始功率大小有关，当起始功率较低时，系统的自稳性要差一些。

(4) 在新的平衡状态下，对正反应性扰动的抵消是依靠燃料和冷却剂温度的提高来实现的。

2. 自调节特性

核动力装置的自调节特性是指在出现负荷扰动时，即使不用外部控制，核反应堆也能够靠自身内部温度反应性反馈作用，使反应堆输出核功率达到与负荷一致的水平，达到新的平衡状态。例如，当舰船航速需要提高时，核动力装置的汽轮机负荷增加，蒸汽流量增加，蒸汽发生器二次侧从一次侧带走的能量增加，蒸汽发生器一次侧出口温度降低，使一回路冷却剂平均温度降低。由于负的温度反应性反馈效应，向反应堆引入正的反应性，从而使反应堆的输出核功率提高。此后，由于反应堆的输出核功率增大，燃料温度将会升高，堆芯内冷却剂温度也将提升，抵消冷却剂平均温度降低引入的正反应性，最终达到一个新的平衡状态，反应堆输出核功率满足负荷增加的要求。

同样，对于压水堆动力装置的自调性，有如下结论：

(1) 当其他条件相同时，一定范围内，冷却剂负的温度系数绝对值越大，则重新达到稳定的时间越短。

(2) 其他条件一致的情况下，负荷扰动越大，堆功率重新达到稳定的时间越长，且各参数最后变化幅度也较大。

(3) 在新的平衡状态下，燃料温度和冷却剂温度均会发生变化，冷却剂温度效应补偿了由于功率变化而引起的多普勒效应。

不论是自稳过程还是自调过程，其过渡过程一般都具有振荡特性。需要指出的是，上述依靠反应堆自稳自调性克服内外扰动而达到的新平衡态，核动力装置的燃料温度和一回路冷却剂平均温度均会发生变化，使得核动力装置的这些重要参数难以按照规定的运行方案变化。另外，这种自稳自调的动态过程耗时往往较长，难以满足核动力装置机动性要求。因此，还需要通过外部控制系统，来改善核动力装置的动态和静态特性。

复 习 题

1. 在稳定工况下，反应堆一回路温度反馈回路有什么特性？
2. 冷却剂的温度反馈在性质上属于什么反馈？
3. 在温度反应性反馈回路中，试分析 α_T，α_f 对反应堆稳定性的影响。
4. 反应堆的自稳定性和自调节特性的机理是怎样的，主要取决于什么因素？
5. 从满足压水堆的稳定性要求出发，在一定的水铀比下希望采用什么方案？为什么？

第4章　反应堆功率控制

对反应堆及其动力装置输出功率的控制，是整个核动力装置控制系统的核心，其工作状况，直接影响着整个核动力系统的安全运行和能否快速有效地满足负荷的需求。核动力系统在运行时，二回路的运行参数要不断根据需要进行调整，这些变化必然要影响一回路系统的运行参数和反应堆的工作状态。此外，核动力装置不可避免地要受到一些内部或外部的扰动影响，使其运行参数发生波动，偏离设计值。在第 3 章中曾指出，核动力装置是一个复杂的多变量强耦合的系统，尽管对于压水堆来说，由于普遍设计有最佳的负温度反应性反馈系数，一般都具有良好的自稳自调能力，但是，特别是对于舰船核动力装置来说，仅靠反应堆的自稳自调能力，往往难以满足对其机动性以及运行参数定值的要求。因此，为了保证核动力装置各参数能运行在所规定的范围内，排除内部或外部扰动的影响，给运行人员提供有效控制反应堆输出功率的手段，需要为核动力装置配备相应的控制系统。

为了使反应堆的输出功率能较好地跟踪二回路需求功率的变化，减轻操纵人员的负担，在核动力装置中，除了提供手动控制反应堆功率的手段外，还必须具有反应堆功率的自动调节功能。为此，在核动力装置的控制系统中，都设置了反应堆功率手动和自动调节系统。

本章主要介绍反应堆功率手动和自动控制系统的原理、方法和基本构成。

4.1　反应堆功率控制原理与方法

概括地说，反应堆功率控制有两个基本目的：第一，使反应堆输出功率与负荷功率相适应；第二，当有内、外扰动加入反应堆时，能够消除扰动的作用。堆芯内部反应性反馈效应主要包括：燃料温度和慢化剂温度效应、反应堆功率效应、硼浓度效应、毒物效应和燃料燃耗效应等。这些内部效应都将影响反应堆内的中子注量率，从而影响输出功率。

一般来说，反应堆功率调节有自动调节和手动调节两种方式。当反应堆功率水平较低时，系统的稳定性和核功率探测的准确性变差。因此，反应堆功率自动调节系统往往在反应堆输出功率大于某一功率水平之后，才能投入。这种功率水平限值一般在10%~20%额定功率水平之间。

4.1.1 反应堆功率控制原理

核动力系统在运行中首要的问题是必须保证反应堆及一回路系统的安全性，即在任何情况下都不允许发生反应堆内燃料元件破裂或造成对周围环境的放射性污染。其次，在正常情况下，需要适当地调整反应堆的输出功率，使其满足负荷的需要，同时维持一回路冷却剂及其辅助系统的运行参数在给定范围以内，并改善整个系统的过渡过程特性。承担这些任务的主要是反应堆的功率调节系统。

不同的反应堆，其功率调节系统的组成各不相同。压水堆功率自动控制系统经历了机电式模拟控制器、模拟与数字混合式控制系统等阶段，目前正向全数字化控制系统的方向发展。尽管它们的组成方式不同，但其基本原理是一致的。

反应堆及其动力装置的运行状态是由众多的热工参数和核参数来确定的，因而研究反应堆控制实际上就是研究对这些参数的控制。其中最重要的是对反应堆功率的控制。这不仅是考虑到取得功率是建造动力堆的根本目的，而且温度、压力等热工参数和其他核参数与反应堆功率有密切的关系。

核反应堆所输出的热量，是由核反应堆中核裂变所释放的核能转换得到的。输出能量的大小，取决于反应堆的输出功率：

$$P_T = C_1 E_f N \sigma_f V_c \Phi_{av} \tag{4-1}$$

式中：P_T——堆芯发出的热功率(kW)；

$\quad\quad C_1$——单位换算系数；

$\quad\quad E_f$——每次核裂变平均释放的能量(约 200MeV)；

$\quad\quad N$——堆芯平均单位体积内可裂变材料的核数；

$\quad\quad \sigma_f$——裂变材料的微观裂变截面；

$\quad\quad V_c$——堆芯体积；

$\quad\quad \Phi_{av}$——堆芯平均中子注量率。

对于一个确定的反应堆，在有限的时间内，C_1、E_f、N、σ_f、V_c 都是确定或变化不大的。因而可以近似认为 P_T 仅仅由 Φ_{av} 决定，且 P_T 正比于 Φ_{av}，因此，如何根据负荷的需要，恰当地调节中子注量率水平，并维持在一定的值上，使反应堆实现稳定功率运行，就是反应堆功率控制系统需要解决的问题。

Φ_{av} 的变化由下式确定：

$$\Phi_{av} = \Phi_0 e^{t\rho/l} = \Phi_0 e^{t/T} \tag{4-2}$$

式中：Φ_0——t=0 时的中子注量率；

$\quad\quad t$——时间(s)；

$\quad\quad \rho$——反应性；

$\quad\quad l$——中子寿命；

$\quad\quad T$——反应堆周期。其中 $T = l/\rho$。

由此可知，只要能有效地控制反应性 ρ，就意味着控制了中子注量率，也即控制了反应堆功率。反应堆有效增殖因子 K_{eff} 与反应性 ρ 之间存在如下关系：

$$\rho = \frac{K_{eff} - 1}{K_{eff}} \tag{4-3}$$

(1) 当 $\rho = 0$(或 $K_{eff} = 1$)时，则反应堆处于临界状态，反应堆维持恒定功率运行；

(2) 当 $\rho > 0$(或 $K_{eff} > 1$)时，则反应堆处于超临界状态，反应堆功率逐渐上升；

(3) 当 $\rho < 0$(或 $K_{eff} < 1$)时，则反应堆处于次临界状态，反应堆功率逐渐下降。

可以看出，临界与反应堆的功率水平无关，即 ρ 或 K_{eff} 并不反映功率水平，在任何中子密度的情况下，都可能使得 $\rho = 0$。因此，如果能恰当地控制反应堆 ρ 或 K_{eff} 的数值，就可根据需要提高或降低反应堆功率，或维持反应堆在某功率水平上运行。

反应堆有效增殖因子 K_{eff} 由下式确定：

$$K_{eff} = \eta \varepsilon p f \frac{e^{-B^2 \tau}}{1 + L^2 B^2} \tag{4-4}$$

可见，只要改变上式中任何一个或几个因子，即可改变 K_{eff}，从而达到控制堆功率的目的。但是，并不是其中任何一个因子都容易被改变的。

式中：η——热中子增殖系数，是核燃料每吸收一个热中子所产生的裂变快中子的平均数，其大小取决于核燃料中 ^{235}U 与 ^{238}U 的比例。此比例随着反应堆的运行变化很慢，故对 K_{eff} 的影响很小，不能用于调节 K_{eff}；

ε——快中子倍增系数，其大小取决于快中子对 ^{238}U 的分裂截面和铀块的几何形状。对既定的反应堆它是不能任意改变的；

p——快中子逃脱共振吸收几率，它与燃料的几何形状、浓度及冷却剂的性能和数量有关，可以通过改变冷却剂的性能改变它；

f——热中子利用系数，由核燃料的性质、装载量，堆内冷却剂和其他结构材料对热中子的吸收决定。可以通过改变堆芯热中子吸收物的多少来改变；

τ, L——热中子的年龄和扩散长度，其大小与堆内的温度、介质特性有关，也不易改变；

B——反应堆的几何曲率，取决于反应堆的几何尺寸。

4.1.2 反应堆功率控制的基本方法

反应堆输出的热能取决于反应堆的中子注量率水平或中子密度，因此，根据需要，恰当地调节堆芯内的中子注量率，从而调整堆内裂变速度，进而调整反应堆核功率的输出，是任何类型反应堆进行功率控制的最终目标。

根据上述关于 K_{eff} 影响因子的分析，对于一个既定的核反应堆，要调整堆内中子注量率，从而控制反应堆功率，有两种手段：一是改变堆芯内中子的生成率。对于一个既定的核反应堆，这是难以实现的；二是改变已经生成并能参加核裂变反应的中子数，这是在工程中普遍应用的做法。

改变热中子利用系数也有两种手段：一是移动反射层，改变泄漏的中子数目，可以实现改变堆内中子注量率，这种方法在工程上难以实现；二是改变中子吸收率，这类方法的基本思想是使得核裂变所释放的中子在引起新的核裂变之前，就将其吸收掉，通过改变中子吸收率，达到调节堆芯内中子密度的目的。

在压水核反应堆中，改变中子吸收率的手段主要包括：

1. 设置控制棒

向堆芯投入吸收中子能力较强的固态物资，如用镉、铪、银、铟等材料制成的控制棒，用它吸收部分中子，通过将其插入或移出核反应堆堆芯，来改变堆内的核裂变速度，从而控制反应堆的输出功率。这种方法是绝大多数类型核反应堆的功率控制所普遍采用的方法。

采用通过控制棒的移动来改变中子密度的方法，具有反应速度快、控制灵活、高效等优点，故常用于要求反应性有较快改变的场合，是目前压水型动力堆用来控制堆功率的一种主要手段。这种方法用多根棒组成一束棒，用一套传动机构拖动，以减少控制棒传动机构的数量和简化反应堆压力容器的结构，并有利于展平中子注量率分布。

为适应反应堆不同运行状态的需要，一般反应堆都设有不同功能和不同补偿能力的控制棒。例如：功率调节棒、补偿棒、安全棒。在船用压水堆上，为了使控制棒的结构简单和运行操作简便，一般都采用同一形式的控制棒。选其机动性能好的作为反应堆的功率调节棒，其余皆为补偿棒兼安全棒。根据运行要求，补偿棒和安全棒一般采用手动提升。功率调节棒的提升可以手动亦可自动，三种棒的下降皆可手动和自动，以保证反应堆在危急情况下，能安全而迅速地停闭反应堆。

2. 设置可燃毒物棒

由于动力堆的核燃料装载量大，故后备反应性也大。要抵消那么大的后备反应性，并保证足够的停堆深度，如果全部靠控制棒来实现，则所需要的控制棒数量就会很多，势必造成结构实现上的困难，限制了反应堆容量的加大。因此，一般还在堆芯内设置有可燃毒物棒。这样，在反应堆运行初期，它可以补偿部分后备反应性，而随着反应堆运行时间的延长，可燃毒物吸收部分中子而逐渐被消耗，从而把补偿掉的部分反应性释放出来，起到补偿棒的作用。可燃毒物棒不能用于反应堆功率的机动性调节。

3. 调节硼酸浓度

通过调节硼酸浓度改变中子注量率的化学控制方法，由于其反应速度较慢，因此常用于补偿由于氙毒或燃耗等引起的较慢的反应性变化。如果反应堆的容量较大，则堆芯也将较大，燃耗加深，换料时间较长，如果单独采用控制棒调节中子注量率，不但使堆芯内中子注量率畸变严重，同时堆内也难以布置很多控制棒，整个反应堆的结构将变得很复杂。因此，在采用控制棒的同时，需要配合化学控制，它尽管速度较慢，但可展平堆芯中子注量率，补偿后备反应性，大大延长反应堆的换料周期。

目前，核电厂用大型核反应堆一般采用的都是控制棒和化学毒物相结合的功率控制方式。而对于舰船核反应堆来说，由于对其机动性要求较高，功率变化频繁，反应堆较小，安装空间有限，因此一般只采用控制棒作为调节反应堆功率的主要手段，化学毒物一般仅在控制棒失效时作为应急停堆的手段。

4.1.3 反应堆功率控制系统的基本要求

对反应堆功率控制系统的一般设计要求如下：

(1) 能抑制反应堆内总的反应性。在总的过剩反应性太大时，可以将其分为长期调节和短时间调节两部分。前者可使用可燃毒物棒，或添加硼酸溶液；后者使用控制棒。

(2) 在稳态运行时，反应堆功率控制系统能保持一回路系统和二回路系统之间的功率平衡，并按给定的稳态运行特性运行，保持核动力装置的主要参数在规定范围内。

(3) 在动态过程中，反应堆功率控制系统能克服反应堆内的反应性扰动和跟踪二回路负荷的变化。在相关过程控制系统的配合下，能够保持核动力装置的主要参数不超过规定的限值，不引起反应堆事故停堆和稳压器安全阀动作，以确保核潜艇具有良好的机动性。

(4) 控制系统能按照设计的稳态运行方案和负荷调节方案，控制控制棒的升降，调整各运行参数满足设计要求。

(5) 反应性引入速率应保证在功率调节时，反应堆周期大于设计要求，一般为30s。为了及时抑制超功率状态，控制棒插入时的负反应性变化率应足够大。

(6) 当反应堆运行的功率达到额定功率的一定值(如15%额定功率)时，应能实现反应堆功率自动跟随负荷变化，整个系统应该是稳定的，并且超调量、调节时间、稳态误差等动、静态性能指标应满足运行要求。

(7) 在核动力装置异常运行或发生事故时，反应堆功率控制系统应受反应堆保护系统的单向控制。

(8) 反应堆功率控制系统应严格限制提升控制棒的组数和速率。

(9) 反应堆功率控制系统一般设置两套，互为备用。必须有较强的抗干扰能力，可靠性高，调整维修方便。

4.2 核动力装置的稳态运行方案

核动力装置在运行控制过程中，必须遵循预先确定的运行操作规程和控制策略。这主要体现在核动力装置的稳态运行方案和负荷调节方案上。

4.2.1 稳态运行方案的概念

稳态运行方案指核动力装置在处于各种功率水平的稳定运行状态时，主要运行参数之间的关系。即规定了反应堆及其动力装置在稳态运行状态下，以负荷功率或反应堆功率为核心，各运行参数，如温度、压力、液位和流量等所遵循的一种相互关系。

　　核动力装置的运行过程实际上是将在堆芯中产生的核能转换为热能并向二回路传递的过程。表征这个过程的主要参数是一、二回路的温度，压力，流量和功率等。所以，控制核动力装置就是通过这些参数来控制核能的产生、转换和传递。对于一个既定的核动力装置，在设计控制系统之前，首先要确定两个回路的热工参数和输出功率之间的关系，即确定核动力装置的稳态运行方案。

　　核动力装置由一回路传递给二回路的热功率为：

$$P = K(T_{av} - T_s) \tag{4-5}$$

式中：P——反应堆一回路传递给二回路的热功率；

　　　　T_{av}——一回路冷却剂平均温度；

　　　　T_s——二回路饱和蒸汽温度；

　　　　K——蒸汽发生器一次测到二次测的等效传热系数，与蒸汽发生器的传热性能、热功率大小、冷却剂流速以及蒸汽发生器的水位等因素有关。在一次近似时，可以看作常数。

　　由式(4-5)可知，在流量一定的情况下，反应堆输出的热功率与$(T_{av}-T_s)$成正比。$(T_{av}-T_s)$越大，反应堆输出的热功率越大。而$(T_{av}-T_s)$的改变，可以分别通过改变$T_{av}(T_s$不变)、$T_s(T_{av}$不变)或同时改变T_{av}和T_s来实现。但是，T_{av}或T_s的改变是受一些因素制约的。一回路冷却剂平均温度T_{av}的变化间接地反映了堆芯温度的变化，T_{av}数值越大，堆芯温度越高，为避免堆芯出现局部沸腾，所需一回路压力越高。当堆芯温度高到一定程度时，将可能导致堆芯烧毁。因此，T_{av}不能过高。而二回路蒸汽温度T_s也不能过低，当其过低时，将导致汽轮机入口处蒸汽中的水含量升高，危害汽轮机叶片，同时使其效率下降。因此，必须通过反应堆功率调节系统随时调节各参数，使它们按照要求的规律变化。

　　一般情况下，确定反应堆的稳态运行方案有以下三个原则：

　　(1) 使一、二回路系统装置工作条件合理、经济、可靠。

　　(2) 反应堆运行稳定性好。

　　(3) 反应堆功率调节系统物理实现性好，有良好的适应性。

　　根据这些原则，并考虑一回路和二回路所存在的前述制约因素，下面对核动力装置的几种稳态运行方案进行分析。

4.2.2　反应堆进、出口平均温度恒定的稳态运行方案

　　这是指在稳定状态下，T_{av}不随负荷功率变化而变化的稳态运行方案。在冷却剂流量固定不变的情况下，这对具有负温度系数的压水堆来说，是一种本能的方案，因为这种控制方案，可以有效地利用具有负冷却剂温度系数的压水堆的自调节特性。此时，系统各参数随输出功率变化的情况如图4.1所示。

　　如图4.1所示，当二回路负荷增加时，入口温度T_i将降低，冷却剂温度效应将使堆芯出现正的反应性。这时，反应堆从临界状态暂时变为超临界状态，功率水平上升，出口温度T_0也上升，反应堆释放出更多的能量，满足二回路负荷的变化。同时由于T_0上升，

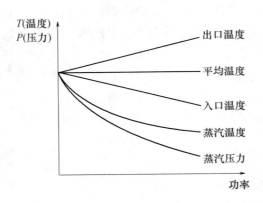

图 4.1 T_{av} 恒定方案参数变化

使 T_{av} 基本恢复到原来水平，反应堆输出功率不再发生变化。二回路负荷减少引起的动态过程与此类似。

上述分析忽略了核燃料温度系数的影响，这对于用金属——合金铀核燃料的反应堆而言是基本适用的。因为其核燃料的导热性能好，核裂变产生的能量燃料能很快就传给冷却剂，因而核燃料温度增加形成的反应性很小，可以忽略不计，使 T_{av} 保持恒定。但是，当反应堆的核燃料为二氧化铀时，由于其传热性能不好，使燃料温度有比较大的增加。在稳态时，总的反应性为：

$$\rho = \alpha_{\mathrm{f}} \cdot \Delta T_{\mathrm{f}} + \alpha_{\mathrm{T}} \cdot \Delta T_{\mathrm{av}} = 0 \tag{4-6}$$

式中： α_{f} —— 燃料温度系数；

ΔT_{f} —— 燃料温度的增量；

α_{T} —— 冷却剂温度系数；

ΔT_{av} —— 冷却剂平均温度。

由式(4-6)可知，在稳态下，如果 $\alpha_{\mathrm{f}} \cdot \Delta T_{\mathrm{f}} < 0$，则必然使 $\alpha_{\mathrm{T}} \cdot \Delta T_{\mathrm{av}} > 0$，这必然造成 T_{av} 略低于负荷增加前的稳态值。如果要保持 T_{av} 恒定不变，必须通过外部控制系统来实现。

在 T_{av} 恒定的控制方案下，当反应堆输出功率变化时，T_{av} 保持恒定不变。$(T_{\mathrm{av}} - T_{\mathrm{s}})$ 的增加是通过 T_{s} 的变化来获得的，因而，T_{av} 恒定方案对一回路侧有明显的优点。因 T_{av} 恒定，故一回路中冷却剂容积基本上恒定，这样，稳压器的容积可以做得小些，同时，对稳压器内的压力和液位调节的要求可以低些，这对于舰船核动力装置有重要意义。但对二回路来说，由于在整个功率变化范围内，采用这种控制方案时，饱和蒸汽温度 T_{s} 以及压力 P_{s} 变化都很大，对二回路设备的要求也就提高了，使得二回路的自动阀门、给水泵等工作条件更加恶劣。一般来说，由于二回路的设备在设计、生产和运行等方面已有较高的生产工艺水平和较成熟的运行经验，可以弥补这方面的不足。所以，此方案从解决一回路主要矛盾的角度出发，是容易为人们所接受的。

4.2.3 二回路蒸汽压力恒定的稳态运行方案

为改善二回路工作条件，另一个极端的控制方案是蒸汽压力 P_s 恒定的方案，亦即蒸汽温度 T_s 恒定的方案。在 P_s 恒定的控制方案下，当反应堆输出功率变化时，P_s 保持恒定不变，T_s 也保持恒定不变，则输出功率的变化是通过 $(T_{av} - T_s)$ 中 T_{av} 的变化来获得的。输出功率上升，则 T_{av} 上升，使得反应堆的出口温度 T_h 和入口温度 T_c 也随之上升，此时，系统各参数随输出功率变化的情况如图 4.2 所示。

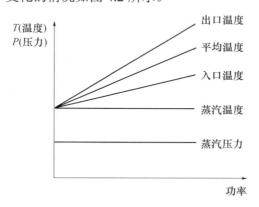

图 4.2 P_s 恒定方案参数变化

由于蒸汽温度和压力不变，因而这种稳态运行方案对二回路设备是有利的。它可以使得二回路系统的设计更经济合理，蒸汽发生器给水系统和汽轮机调速系统负担很轻。但对一回路来说，由于冷却剂平均温度变化较大，一方面，由负温度反馈引起的反应性较大，从而使得当反应堆从一个稳态功率水平过渡到另一个功率水平时，控制棒需要有频繁而大幅度的位移来克服冷却剂负温度系数试图保持 T_{av} 不变的趋势，从而补偿负温度效应造成的反应性波动。另一方面，T_{av} 的大幅度变化将引起冷却剂体积的较大变化，从而造成一回路压力有较大变化，这就对稳压器的体积和相应的液位和压力调节系统提出了更高的要求，并使整个动力装置的机动性变差。一般来说，舰船压水堆核动力装置很少采用这种控制方案。

4.2.4 折中方案

对比图 4.1 和图 4.2 可以发现，在 T_{av} 恒定方案下，低工况时，T_s 和 P_s 参数值较高，其变化也比较剧烈(曲线斜率较大)，二回路设备的工作调节更加恶劣，而堆芯进出口温度较低，进出口温差较小，一回路设备工作条件更好；而在高工况时，T_s 和 P_s 参数值相对较小，其变化也比较平缓(曲线斜率较小)。再看 T_s 和 P_s 恒定的方案，低工况时，一回路冷却剂平均温度较低，堆芯进出口温度和温差均较小；而在高工况时，一回路冷却剂平均温度较高，堆芯进出口温度和温差均较大，对一回路更不利。

为综合上述两种方案的优点，克服它们的不足之处，随着人们对一回路物理性质、工作状况的认识的进一步加深，开始普遍采用兼顾两个回路要求的折中方案。

在压水堆上，常采用的一种折中方案是：在低工况时，二回路蒸汽压力和温度相对较高，功率变化引起的两者的波动量也较大，为降低对二回路系统的要求，采用 T_{av} 随反应堆功率线性变化的运行方案；而在高工况时，由于二回路蒸汽压力和温度相对较低，功率变化引起的两者的波动量也较小，为降低对一回路系统的要求，采用 T_{av} 恒定的运行方案，如图 4.3 所示。即将一回路冷却剂平均温度的定值设为负荷功率或蒸汽流量的函数：

$$T_{av} = \begin{cases} A & F_s \geqslant K \cdot F_{SH} \\ B + C \cdot F_s & 0 \leqslant F_s < K \cdot F_{SH} \end{cases} \tag{4-7}$$

式中：F_{SH}——满工况时的额定蒸汽流量。

折中方案下，二回路的"得"是一回路的"失"换来的。这样做，挖掘了一回路的潜力，减少了二回路的负担，改善了操纵品质，提高了整个系统的稳定性和机动性。

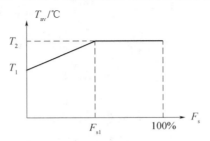

图 4.3　折中方案 T_{av} 的变化

4.2.5　考虑一回路冷却剂流量的控制方案

上述几种稳态运行方案均假设一回路冷却剂流量恒定不变。实际上，反应堆输出的热功率是与流量成正比的：

$$P_T = G \cdot C_P (T_o - T_i) \tag{4-8}$$

式中：G—— 一回路冷却剂流量；
$\quad\quad C_P$—— 一回路冷却剂定压比热；
$\quad\quad T_o$—— 反应堆出口温度；
$\quad\quad T_i$—— 反应堆入口温度。

核动力装置在实际运行过程中，一回路冷却剂流量是可以也是有必要改变的。由式 (4-8) 可知，反应堆输出功率与冷却剂出入口温差和冷却剂流量成正比。如果流量不变，则堆功率的升高只有靠提高出入口温差实现，对系统的稳定性不利。对于平均温度恒定的控制方案来说，就需要同时升高出口温度和降低入口温度，而对于 P_s 不变的控制方案来说，就需要同时提高出入口温度。但是，由于燃料热负荷的要求和一回路管道热应力及腐蚀等方面的限制，出口温度的升高是有限的；另外，在低功率运行时，若冷却剂流量仍保持满功率的水平，则出入口温差将降得较低，一方面使传热效率降低，另一方面主泵消耗的功率相对增加，使整个动力装置的经济指标和效率都明显下降。因此，在核动力装置运行过程中，根据输出功率的大小来调节冷却剂流量是十分必要的。

一般来说，冷却剂流量的调整方案有两种，分别是冷却剂流量连续变化的调节方案和冷却剂流量阶跃变化的调节方案。

1. 冷却剂流量连续变化的调节方法

参看式(4-5)。比例系数 K 与蒸汽发生器的传热性能、热功率大小、冷却剂流量以及蒸汽发生器的水位等因素有关。如果不考虑流量的变化，可以看作常数；如果冷却剂流量随反应堆功率的增加而线性地增加，则比例系数增大，可以保持$(T_{av}-T_s)$不变或基本不变。那么，当装置负荷功率变化时，通过堆控系统调整堆功率，可以保持一回路冷却剂平均温度不变；同时通过改变一回路冷却剂流量，可保持二回路蒸汽压力不变。显然，这是一种一回路冷却剂平均温度不变、二回路蒸汽压力也不变的理想控制方案。

但是，在实际应用中，必须对方案的动态特性、热工水利特性以及控制特性等一系列问题作进一步研究。例如，当堆芯内冷却剂流量有较大幅度改变时，堆芯内热工、水利条件也将发生显著变化。根据反应堆热工安全准则，反应堆的最小烧毁比、堆芯热管出口含汽率以及燃料芯块的中心最高温度等都必须满足设计要求。而堆芯冷却剂流量的减少，势必导致这些热工、水力条件的恶化，有可能超出安全准则规定的限值。另外，还需考虑为实现对冷却剂主泵这样大功率电机进行连续调速所需付出的空间、重量、成本，以及附加装置可靠性对整个系统安全性的影响等方面的代价。所以，舰船核动力装置一般不采用这种冷却剂流量连续变化的控制方式。

2. 冷却剂流量阶跃变化的调节方法

为了有效利用冷却剂流量改变的控制方案所具有的优点，同时避免其负面影响，并使主泵转速容易控制，一般将冷却剂流量根据功率水平划分为几个等级，即采用冷却剂流量阶跃变化的调节方案。一般采用二级流量控制，相应的各参数的变化情况如图 4.4 所示。

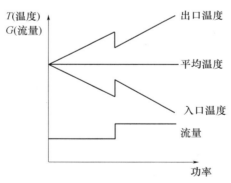

图 4.4 流量阶跃变化方案参数变化

当反应堆的输出功率增加到某个给定值(如满功率的 50%)时，主泵转速阶跃变化一倍，同时也就使冷却剂流量增加一倍。在此给定值两侧的区间，主泵转速维持不变。这样，在冷却剂流量增加的瞬间，堆芯出口温度下降、入口温度下降，温差减小。随后，两者又随堆功率的增加而上升。这样，既在一定程度上发挥了冷却剂流量改变的控制方案的优越性，又实现起来简单，并满足热工水力的设计要求。

4.3 核动力装置的负荷调节方案

反应堆功率控制的主要目的是调整引入反应堆堆芯的反应性，从而使得反应堆的输出功率能够满足负荷的需要。核动力装置的负荷调节方案就是核动力装置为适应负荷变化的要求而进行功率调节的基本控制方式。它必须满足稳态运行控制方案的要求，同时还要满足不同应用场合的核动力装置的机动性要求。

稳态运行方案不同，核动力装置的功率控制方式也不同。同时，压水堆本身所具有的不同程度的自稳自调能力和对机动性的不同要求，也会影响负荷调节方案的选择。一般地，对于压水堆核动力装置，有"机跟堆"和"堆跟机"两种基本运行方式。

4.3.1 机跟堆的运行方式

在这种方式下，汽轮机负荷跟随反应堆功率运行。此时，由于不需要控制反应堆功率适应负荷的变化，所以反应堆功率控制系统比较简单，其作用只是完成反应堆的启动、停堆、维持反应堆的功率在某一给定水平以及抑制反应堆功率的波动。

对于核电站压水堆，为了减少对燃料寿命的不利影响，希望尽可能控制堆功率的波动。同时，由于经济上和技术上的原因，目前压水堆核电站多采用带基本负荷运行方式，但具有一定的负荷跟踪能力，因此，较多地采用这种运行方式。

核电站压水堆功率控制的主要手段一般是控制棒位置调节和一回路冷却剂硼酸浓度控制。后者属于反应堆化学与容积控制系统，它通过向一回路冷却剂系统加硼或稀释来控制慢变化的大的后备反应性。而控制棒棒位调节系统一般是以平均温度为主调节量的冷却剂平均温度调节系统，并引入功率失配通道，以满足负荷快速变化的需要。

图 4.5 是这种运行方式下的功率调节系统框图。

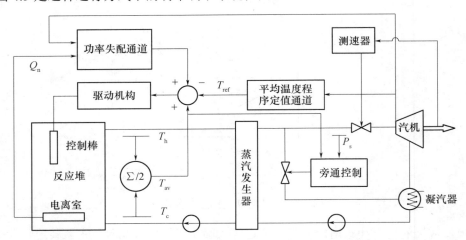

图 4.5　核电站压水堆采用"机跟堆"运行方式时的功率控制系统框图

此功率控制系统主要由平均温度定值通道、平均温度测量通道和功率失配通道组成的三通道功率调节系统。主通道是平均温度定值通道。汽轮机负荷 Q_T 是基本控制量，通过冷却剂平均温度定值单元产生反映负荷要求的冷却剂平均温度设定值 T_{ref}，并与测量值

T_{av} 相比较，产生偏差信号。控制棒驱动机构根据此偏差信号产生棒束的速度和方向信号，驱动控制棒组件，调节反应堆功率。

由于核电站从反应堆到发电机要经过若干大的惯性环节，当负荷突变或出现扰动时，调节系统的过度过程会延续很长，调节品质差。因此，在调节回路中，引入了功率失配通道，利用适当的功率失配信号，加快控制系统的响应速度，并提高系统的稳定性。

由图 4.5 可见，当负荷增加时，要求平均温度定值信号 T_{ref} 增大，与平均温度实测信号 T_{av} 产生偏差，作用于控制棒驱动机构，使控制棒提升，从而使反应堆输出功率增大，直到 T_{av} 与 T_{ref} 相等。同时，在负荷增加的瞬间，负荷信号 Q_T 立即与反应堆中子注量率密度信号 Q_n(或反应堆功率信号)产生失配信号，也作用于控制棒驱动机构，从而加快调节速度。当甩负荷时，二回路多余的蒸汽通过汽轮机旁通系统直接排入冷凝器，以防止汽轮机超速。

4.3.2 堆跟机的运行方式与负荷调节方案

这种方式下，反应堆的核功率要求跟随负荷的需求而变化，以满足核动力装置机动性的要求。这种模式对于核动力装置是最灵活的运行方式。负荷需求的变化通过汽轮机控制系统直接反映为蒸汽流量的变化，进而通过核反应堆功率控制系统调节反应堆输出核功率，以适应负荷变化的要求。

舰船核动力装置由于经常需要根据航速的要求改变反应堆的输出功率，因此对动力装置的机动性要求很高，仅靠其核动力装置自身的自稳定和自调节能力往往满足不了运行安全和机动性要求。此时，要求功率控制系统除了满足稳态运行方案外，还必须担负根据负荷的需要直接调节反应堆输出功率的任务。因此，舰船核动力装置普遍采用堆跟机的运行方式。

此时，反应堆功率调节系统是一个随动系统，其原理框图如图 4.6 所示。首先，需要根据动力装置的负荷情况及稳态运行控制方案的要求，计算出功率需求信号 n_0，然后与反应堆实测功率信号 n 比较，得出功率偏差信号 Δn，并以此功率偏差信号作为控制信号来推动控制棒移动，改变反应堆输出功率，使其跟随需求功率变化，直到反应堆功率 n 等于需求功率 n_0，动态过程结束。

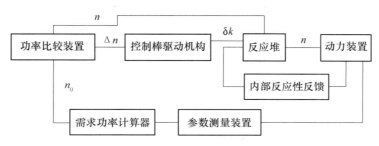

图 4.6　压水反应堆功率调节系统原理框图

对于不同的稳态运行控制方案，核动力装置的负荷调节方案的结构形式也不同，即需求功率的计算方法不同。压水堆功率控制系统中需求功率的计算一般采用如下方式：

$$n_0 = K_1 F_s + K_2 \Delta T_{av} + \frac{K_2}{\tau} \int \Delta T_{av} dt \qquad (4-9)$$

式中：F_s——蒸汽流量，当假设饱和蒸汽的焓值是常数，则蒸汽的输出功率正比于蒸汽流量；

K_1——蒸汽流量与需求功率的转换系数，一般取为 1。

第一项 $K_1 F_s$ 即负荷偏差通道，确保需求功率 n_0 能够快速跟踪蒸汽负荷 F_s 的变化。当二回路负荷增加时，蒸汽发生器输出蒸汽流量立即增加，n_0 随即发生变化，使得控制系统立即有较大输出，通过控制棒的移动，调节反应堆的输出功率。可见，这大大提高了核动力装置对负荷变化的响应速度。并且，当 K_1 取 1 时，蒸汽负荷变化多少，稳态时的反应堆给定功率也相应变化多少，以维持一、二回路的功率平衡。

第二项 $K_2 \Delta T_{av}$ 即一回路冷却剂平均温度偏差通道，用于确保稳态运行方案的实现。反应堆输出功率与 T_{av} 之间并不存在一一对应的函数关系。例如，对于 100%的额定功率，可以稳定运行在不同的温度上。但对既定的反应堆来说，最佳的 T_{av} 是一定的，并且可以根据物理、热工计算得到。通过 $K_2 \Delta T_{av}$ 项可以确保稳态运行时，一回路冷却剂平均温度维持在此最佳值，因为只要两者出现偏差，则该项就存在，从而可以驱动控制系统动作，使 ΔT_{av} 趋于零。式(4-9)中的 $\Delta T_{av} = T_{给定} - T_{实际}$。$T_{给定}$ 采用不同的计算方法，对应于不同的稳态运行方案。当其取某一固定值时，对应于平均温度恒定方案；当其采用式(4-7)计算时，则对应于折中稳态运行方案。其计算是由功率自动调节器中的需求功率计算模块实现的。在操纵员手动操作时，也需保证在反应堆功率调节动态过程结束时，ΔT_{av} 项为零，以保证一回路冷却剂平均温度达到由稳态运行方案规定的，对应于当前功率水平下的值。

第三项积分项主要用于补偿系统的各种误差，使整个自动调节系统成为一种无差系统。

实际上，反应堆的输出功率主要供给两部分，一是用于提供蒸汽输出功率；一是用于恢复一回路冷却剂系统的储能。在动态过程中，这两部分的功率需求都存在，即式(4-9)中的前两项都存在。在静态时，由于储能功率已经恢复，故只需要提供蒸汽输出功率，式(4-9)中第二项的贡献值为零。K_2 是单位温度偏差所对应的需求功率，反映了恢复储能的速度要求，其值越大，则 T_{av} 恢复得越快，但过大可能引起系统出现较大的超调和振荡。

总之，对于需求功率 n_0，主要是由 $K_1 F_s$ 起决定作用，即由蒸汽负荷功率直接决定反应堆应具有的输出功率，因而这是一种直接负荷调节方案。后两项只在动态过程中起作用，用于满足稳态运行方案的要求。

"机跟堆"和"堆跟机"两种运行方式具有各自的特点。在机组采取比较缓慢的负荷跟踪运行，只需带基本负荷时，可以采用前一种模式。此时，系统功率调节性能较差，但在运行过程中设备所受到的热应力较小，有利于安全和机组的寿命。后一种方式适用于负荷跟踪运行的要求，可以使机组具有灵活的功率调节性能。负荷跟踪运行方式也是船用核动力装置等移动堆所普遍采用的运行方式。

4.3.3　快速降功率和紧急停堆的控制

大范围甩负荷是一种特殊的运行工况，在发生甩负荷时功率绝对值变化大，需要尽量避免一回路压力升得过高而引起稳压器释放阀或安全阀的开启。为此，在反应堆功率控制中需考虑设置快速降功率控制。当发生甩负荷时，由快速降功率系统和蒸汽排放系统相配合，实现快速降功率，以及一、二回路的功率匹配。另外，当某些运行参数超过了保护限值，也会触发快速降功率控制和紧急停堆控制，以便实现对堆芯安全的保护，预防事故的发生或减轻事故的后果。

快速降功率的实现方式可采用全部或部分控制棒受控地全速插入堆芯，当功率降低到安全值，停止控制棒插入。紧急停堆采用释放全部控制棒，使其依靠加速弹簧或重力作用插入堆芯。一旦出现紧急停堆，无法在中途停止，必须手动解除停堆后，才能再次提升控制棒。

快速降功率和停堆的触发信号由安全保护系统或手动提供，通过反应堆功率控制系统实现。快速降功率和停堆控制必须优先于功率调节控制。

4.4　反应堆功率控制系统

反应堆功率控制系统是通过调整控制棒插入堆芯的位置来改变反应性，以达到控制反应堆功率和反应堆冷却剂平均温度的目的。

4.4.1　反应堆功率控制系统的组成与工作方式

实现反应堆功率控制需要由核测量系统、过程参数测量系统、功率调节系统、棒控系统、棒位测量系统、控制棒驱动机构和控制棒等系统和设备共同完成。图 4.7 给出反应堆功率控制系统构成原理框图。

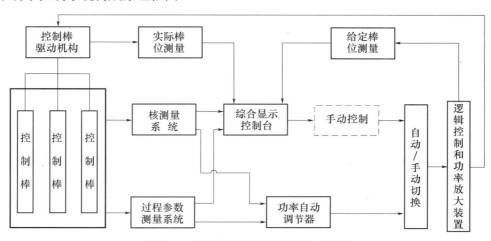

图 4.7　反应堆功率控制系统原理框图

此功率控制系统通过调节控制棒的高度来实现对反应堆输出核功率的控制，其工作方式有手动控制和自动控制两种。

在手动方式下的工作原理图如图 4.8 所示。当运行人员发现通过核测量系统测量出来的反应堆输出功率与所要求的不一致时，则根据需要，操纵控制台上的控制棒升降手柄、棒速选择开关等，给出提棒或降棒控制信号，同时观察控制棒的位置。控制信号通过手动控制线路，输出到控制棒逻辑控制与放大装置，产生能够驱动控制棒驱动机构动作的驱动电流，使控制棒驱动机构能够按照需要提升或降低控制棒的高度。控制棒高度的变化引起堆芯中的反应性发生变化，从而引起反应堆输出功率发生变化。当反应堆的输出功率与要求值一致时，运行人员停止操作。这样，构成一个闭环的控制系统。

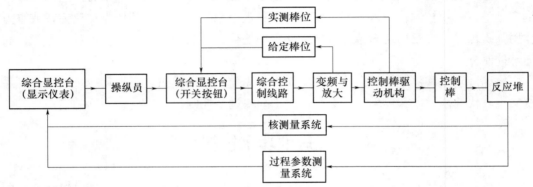

图 4.8　手动方式下的功率控制系统工作原理

在自动方式下的工作原理图如图 4.9 所示。系统的基本工作原理与手动方式一致，只是提棒或降棒的控制信号不再是由运行人员的操作产生，而是由功率自动控制系统根据测量系统来的一、二回路若干参数，以及所要求的稳态运行方案和负荷调节方案计算得到。

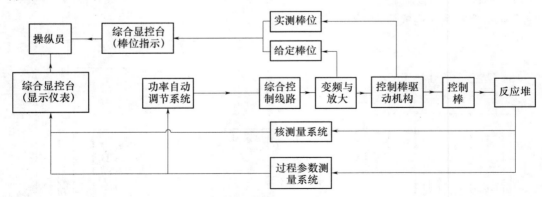

图 4.9　自动方式功率控制系统工作原理

反应堆功率控制系统直接控制控制棒，包含的主要设备有控制棒驱动机构、棒控系统(低频电源)、功率自动调节装置，以及棒位指示装置等，如图 4.10 所示。棒控系统主要由逻辑控制与功率放大装置和相关的操作开关与对应的控制电路组成。这些设备共同完成各种工况下各组控制棒的手动操作，并且在反应堆功率自动调节时，棒控系统的调节组接收反应堆功率调节装置送来的自动棒速信号和棒运动方向信号，实现反应堆功率自动跟踪二回路负荷的需求。此外，反应堆功率控制系统还接收反应堆保护装置给出的安全停堆和安全降功率信号，实施安全停堆和安全降功率动作。

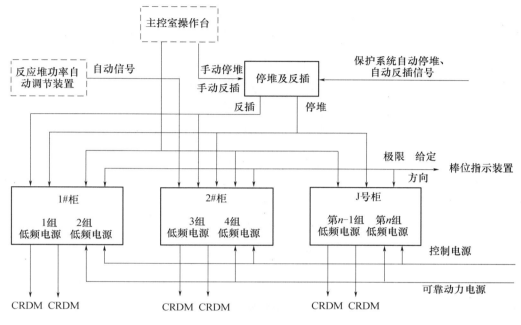

图 4.10   反应堆功率控制系统组成原理图

下面，将分别介绍功率控制系统各组成部分的结构及工作原理。

4.4.2 控制棒驱动机构

反应堆的控制棒驱动机构具体承担着将功率放大装置的输出驱动信号转换为相应的控制棒位移的任务，以改变反应堆堆芯中子注量率，达到调节反应堆输出功率的目的。由于其工作于高温、高压、强辐射等恶劣环境，因此，不仅要求它能灵敏地拖动控制棒，而且要求结构简单、高度密封、安全可靠、使用寿命长。

压水堆中普遍采用的控制棒驱动机构一般有两种，即全密封式磁阻电机和磁力提升器。前者一般用于船用压水堆，后者则一般用于核电站。

1. 磁阻电机

船用压水堆中通常采用全密封式控制棒驱动机构，结构形式如图 4.11 所示。它是一种低速同步电机，受低频电源输出电流信号的控制，主要由两部分组成。

一是在具有良好导磁性能的耐压套管外的三相定子绕组，它接受来自低频电源的三相低频电流，形成旋转磁场。棒位测量系统中实际棒位测量的感应线圈也密封于其中。

二是由滚珠轴承支撑在耐压套管里面的磁性分裂转子。它分上、下各两瓣，中间用套管轴相连。转子上部两瓣之间有弹簧，转子下部两瓣装有四个滚珠螺母。当上部两瓣在弹簧力作用下合在一起时，以中间套管轴为支点使下部两瓣向两边分开，反之亦然。

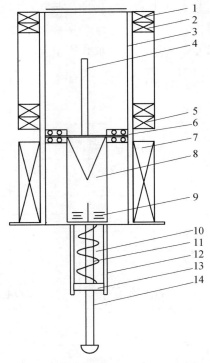

图 4.11　全密封式控制棒驱动机构结构图

1—控制棒上极限位址指示线图；2—控制棒位置指示线图；3—耐压导磁套管；4—导磁棒；
5—控制棒下极限位置指示线圈；6—滚球轴承；7—磁阻马达定子绕组；8—磁阻马达分裂转子；
9—磁阻马达分裂转子螺母；10—螺丝杆；11—加速弹簧；12—导向筒；13—导向活塞；14—控制棒。

　　当低频电源有输出电流时，定子绕组产生的磁场，对分裂转子上部产生电磁吸力，使转子上部两瓣分开，下部合拢，并与控制棒丝杠咬合在一起，形成丝杠传动机构。当电流输入信号频率为零时，定子绕组没有旋转磁场，转子不转动，丝杠不能上下移动，故控制棒固定于某一位置，称为抱棒状态。当三相定子绕组断电时，磁场消失，分裂转子上部在弹簧力作用下合拢，下部分开，丝杠和控制棒在重力的作用下快速插入堆芯，实现紧急停堆。当电流输入信号频率不为零时，定子绕组产生旋转磁场，使转子随旋转磁场同步旋转，带动丝杠向上或向下移动，使控制棒跟着上下移动，从而达到改变反应堆功率的目的。

　　2. 磁力提升器

　　磁力提升器的结构形式如图4.12所示。它一般由提升线圈、传递线圈、静止线圈、机械传动机构、密封套件和冷却水循环系统组成。此外，棒位测量系统中实际棒位测量的感应线圈也密封于其中。通过对磁力提升器的提升、传递和静止三个线圈按一定程序通以电流脉冲，实现与驱动棒相连接的控制棒一步步上下移动。

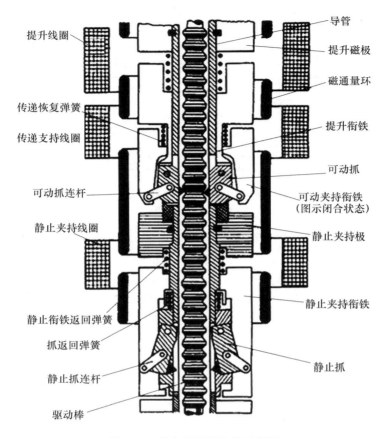

图 4.12　磁力提升器结构示意图

提棒工作过程为：当控制棒被保持夹持爪夹持在某一位置上时，传递线圈通电，使传递夹持衔铁吸合，传递夹持爪将驱动棒夹持在可上下移动的传递件上；静止线圈断电，静止夹持爪松开；提升线圈通电，提升磁极将提升衔铁向上吸合，带动传递件及驱动棒上升一步；静止线圈通电，保持磁极将保持夹持衔铁吸合，带动保持夹持爪将驱动杆保持在新的位置上；传递线圈断电，传递夹持爪松开，提升线圈断电，提升衔铁下落，使传递件落回其原来的位置。如此循环一次，控制棒提升一步。降棒程序则与此相反。

提升和静止电流脉冲大小随驱动棒处于不同的状态是有变化的。提升电流脉冲在将驱动棒提升时，驱动电流很大。当控制棒提升到位后，就可将驱动电流减下来，以减少耗电和发热。静止电流脉冲在控制棒移动时，为了牢牢抓住驱动棒，应通以较大电流，而当控制棒处于静止状态时，则可将电流量降低。驱动电流由功率放大设备提供。

压水堆的所有控制棒往往分为若干组，并分别起控制调节作用和停堆作用。控制棒的提升、插入是按一定程序进行的，以利于堆芯内功率展平和提高控制棒的微分效应。控制棒驱动控制装置能使控制棒在设计的速度范围内上下移动，使低速移动时产生的反应性变化量很小，从而可以使反应堆输出功率和冷却剂平均温度在小的范围内细调；高速时也可以实现调节；并保证同一组棒中的各控制棒之间的相对误差不超过一步。提棒和降棒时磁力提升器驱动线圈时序图如图4.13所示。

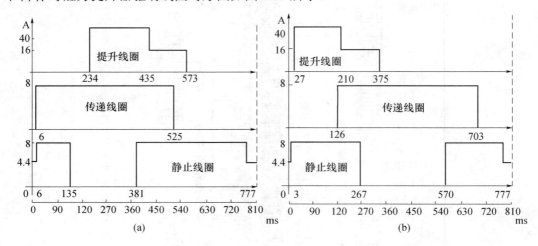

图 4.13　磁力提升器驱动线圈时序图

(a) 提棒时序图；(b) 降棒时序图。

4.4.3　棒控系统

棒控系统的主要设备是逻辑控制与功率放大装置，以及位于综合显示控制台上的手动升降控制棒开关、自动/手动转换开关、手动棒速选择开关、紧急停堆按钮、保护系统投入/切除开关、反插按钮和撤消停堆记忆按钮等操作开关和对应控制电路，实现按要求驱动控制棒运动。

1. 逻辑控制与功率放大装置

要使控制棒执行机构按照要求的速度和方向驱动各组控制棒运动，需要按照一定的程序向磁阻电机或磁力提升器中的各组线圈通以大的电流。这需要有相应的逻辑控制装置和功率放大整流装置来实现。

对于船用压水堆，多采用全密封式的低频磁阻电机控制棒驱动机构。逻辑控制与功率放大装置的任务就是根据来自于功率调节装置或手动控制线路的控制棒升、降以及棒速信号产生推动磁阻电机旋转的三相低频电流，因此，通常也将其称为低频电源。

1) 磁阻电机驱动的调速原理

磁阻电机采用三相绕组，其结构示意图如图4.14所示。其遵循磁阻最小原理——磁通总要沿着磁阻最小的路径闭合，从而迫使磁路上的导磁体运动到使磁阻最小的位置为止。通电后，磁路有向磁阻最小路径变化的趋势。当转子凸极与定子凸极错位时，定、转子齿中心线不重合，气隙大、磁阻大；一旦定子磁极绕组通电，就会形成对转子凸起的磁拉力，使气隙变小——磁路磁阻变小。用电子开关按一定逻辑关系切换定子磁极绕组的通电相序，可以在电机内形成旋转磁场，从而可形成连续旋转的磁阻力矩，带动转子旋转。

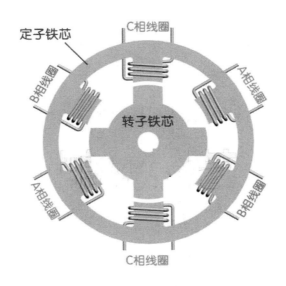

图 4.14　三相绕组磁阻电机结构示意图

因此，要改变磁阻电机的转速，需要改变输送给电机三相定子绕组的电流频率，频率增加，电机转速升高，使控制棒移动速度加快；要改变电机的旋转方向，从而改变控制棒移动方向，则要改变输送给电机三相定子绕组电流的相序。

当要使得控制棒保持在某一高度静止不动时，需要在电机绕组中通以固定电流，从而产生一个固定不动的磁场。一方面，保持转子处于一个固定位置不动；另一方面，此磁场还用于使分裂转子的上部张开，下部闭合，从而使滚珠螺母与丝杠卡合，保持控制棒被夹持状态，不至于落棒。

2) 低频电源的组成与原理

在反应堆功率控制系统中，控制棒运动的控制信号是电压或电流小信号，而磁阻电机的工作电流较大，可以达到 10A，因此低频电源必须具有功率放大的功能。同时，需要根据控制棒运动的速度和方向信号，改变磁阻电机中电流的相序和频率，因此低频电源必须具有变频的功能。

低频电源一般由若干个柜子组成，一台低频电源用于给一束控制棒的驱动电机供电，并保留若干台作为备用。每台低频电源由低频信号发生部分、中间隔离放大与触发控制部分和功率放大(整流电路)部分组成，如图 4.15 所示。

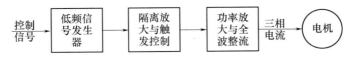

图 4.15　低频电源原理框图

目前，压水堆核动力装置的低频电源已由早期的完全由分立元件组成的系统，发展为由集成电路和功率放大模块组成的系统。下面，介绍低频电源各部分的基本工作原理。

(1) 功率放大和整流部分。该部分的功能是向磁阻电机定子绕组提供低频电流或静止时的直流，使磁阻电机转子旋转，升降控制棒，或使转子静止，保持控制棒不动。其原理结构图如图 4.16 所示。

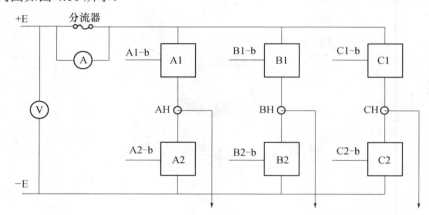

图 4.16　功率放大和整流部分原理电路结构图

图中，+E 与-E 是供给磁阻电机定子绕组的电源，由主变压器机箱提供。由于控制棒在静止和运动时，所需要的力不一样，电机在转动和静止时，定子绕组中通以电流的大小可以不同，电源电压可设为两挡。控制棒静止时，产生的磁场强度只需要保证分裂转子上部张开，下部闭合，从而使滚珠螺母与丝杠卡合即可，因此，这时可以降低供电电压，减小定子绕组中的电流，从而降低定子绕组发热量。

A1~C1、A2~C2 均为大功率电子开关，其接通与断开受各自的控制信号 A1-b~C1-b 和 A2-b~C2-b 等的控制，以便在磁阻电机三相定子绕组中产生一定方向的电流，最终在电机中产生静止的或一定转速和方向的旋转磁场，从而使转子固定在某一位置，或带动转子转动。例如，A1-b 有效时，A1 导通，电流将由+E 端，经 A1、AH，到 A 相定子绕组，最终到地端。A2-b 有效时，A2 导通，电流将由地端，经 A 相定子绕组、AH、A2，最终到-E 端。因此，A1-b 和 A2-b 分别有效时，将在 A 相绕组中产生两个方向相反的电流。各电子开关依次通断，实现在定子绕组中通以一定频率和相序的交流电，形成旋转磁场，带动转子旋转。

(2) 中间隔离放大部分。用于将低频信号发生器送来的信号进行隔离、放大，提供功率放大和整流电路中的电子开关器件的通断控制信号，并对其进行保护，防止上、下两个电子开关同时导通，发生短路而损坏。其原理结构图如图 4.17 所示。

另外，此部分还接收停堆控制信号和手动单棒落棒检测信号，实现对应控制棒的落棒。此时，所有大功率电子开关的控制信号均无效，磁阻电机三相定子绕组中无电流，磁场消失，分裂转子上部在弹簧作用下闭合，下部张开，滚珠螺母和丝杠脱开，对应的控制棒在重力和加速弹簧作用下掉到堆芯底部。

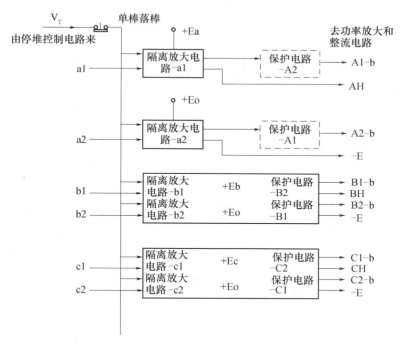

图 4.17　隔离放大单元原理结构图

(3) 低频信号发生单元。低频信号发生单元通常采用微控制器来实现。该单元接收由手动操作或自动控制器送来的控制棒运动方向升、降和速度信号，产生六路低频脉冲信号，输出到隔离放大单元，用于产生开通功率放大和整流电路中的电子开关的控制信号。六路低频脉冲信号的每一路对应于功率放大和整流电路中的一个电子开关，其脉冲频率与控制棒运动速度信号相对应，且有升、降信号时才有输出，升与降的输出脉冲相序相反；当升、降信号存在时，还输出棒运动信号，以控制功率放大和整流电路中的主电源电压。控制棒运动速度的电压信号经 V/F 转换电路转换为对应频率的脉冲信号。改变输入电压，就改变了低频信号的频率。因此，对调节棒组而言，送入低频电源装置的输入电压的变化就使产生的低频信号的频率发生变化，从而引起棒速的变化。对手动棒组而言，不同挡的棒速选择位置，对应于不同挡的速度电压信号，就产生不同挡的控制棒运动速度。

(4) 低频电源柜外部接口。低频电源与其他相关装置存在着大量的连接与信息交换，主要的系统连接如图 4.18 所示。其中，反应堆功率调节装置与低频电源交换的信号包括自动棒组的棒速信号、运动方向信号、功调装置准备好信号以及投入自动信号等；与反应堆保护装置的信号交换包括自动紧急停堆信号及其返回信号、自动反插信号及其返回信号；与主泵控制系统和阀门控制系统的信号交换包括停堆信号和主泵断电停堆信号；与棒位指示装置的信号交换包括给定棒位信号和棒位极限信号；与综合显控台相连接的若干开关信号；以及其他如与综合报警装置、电力系统等的信号交换。

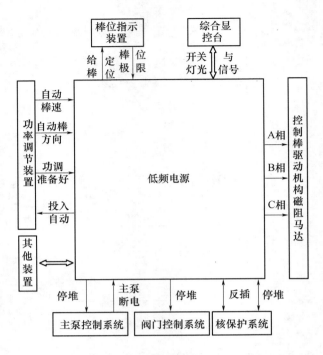

图 4.18 低频电源外部系统连接图

(5) 低频电源工作情况指示。在每台低频电源的面板上，通常设置了 6 个指示灯，如图 4.19 所示。功率放大和整流部分的每相电路中都有 2 个指示灯。其中 A 相为 1CZ、2CZ；B 相为 3CZ、4CZ；C 相为 5CZ、6CZ。这 6 个指示灯按图 4.19 顺序排列在低频电源装置面板的一个圆周上。它们亮或灭可以表示出它们各自对应的电子开关导通或截止。

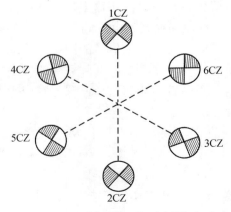

图 4.19 信号指示灯布置图

若 1CZ 灯亮，说明图 4.16 中的 A1 处于导通状态；若 1CZ 灯不亮，说明 A1 处于截止状态；若 1CZ 灯总不灭，则说明 A1 已被击穿。所以，通过指示灯的亮或灭可以指示出低频电源的工作状态和出现故障的原因。

74

另外，工作指示灯还可以用来估算低频电源输出信号的频率。6 个指示灯的布置和低频信号发生单元的 6 路脉冲信号的顺序是相对应的，各灯亦相差 60°。当控制棒运动时，则 6 个指示灯以相同顺序和频率进行"亮的传递"。所以，可以凭指示灯的亮灭快慢速度来估算低频输出信号的频率，即控制棒运动的方向和速度。

2. 棒控系统功能部件

棒控系统功能部件实现根据综合显示控制台相应开关、按钮的操作信号，使控制棒按照所选定的棒速在堆芯中上下移动，实现对反应堆功率的调节。此外，本系统还根据安全停堆和安全降功率信号，实施安全停堆和安全降功率动作，并实现相关电路之间的控制联锁。主要包括直流电源单元、自动棒组自动与手动控制单元、棒速单元、反插单元、停堆单元和输入输出单元。

3. 主变压器机箱

每一台低频电源装置有一个主变压器，它是将动力供电变成主电路所需的三相低压，以便向低频电源装置提供不同工况时的动力电源。

4.4.4　反应堆功率自动调节装置

1. 设备功能

反应堆功率自动调节装置的主要功能是在核动力装置正常运行期间实现反应堆功率的自动控制，即反应堆功率控制的自动控制器。其实现以下目标：

(1) 当核动力装置处于稳态运行时，在一定负荷功率范围内，反应堆功率调节系统保持一回路系统和二回路系统之间的功率平衡，并按给定的稳态运行方案和负荷调节方案运行，保持核动力装置的主要参数在规定范围内。

(2) 在动态过程中，反应堆功率调节系统克服设计范围内的反应性扰动和跟踪设计范围内的负荷变化。在相关过程控制系统的配合下，功率调节系统保持核动力装置的主要参数不超过规定的限值，不引起反应堆事故停堆和稳压器安全阀动作，以确保系统具有良好的机动性。

(3) 对存在强迫循环与自然循环两种运行工况的压水堆，通过采用不同的控制率，在两种工况转换过程中，在主泵控制系统适时投入或停止主泵低速运行的配合下，能够顺利实现强迫循环和自然循环工况的相互转换，不引起反应堆事故停堆，并适时产生转换过程结束信号，提示操作员进行相应操作。

2. 工作原理

反应堆功率自动调节系统的构成原理框图如图 4.20 所示。反应堆功率调节装置一般设置两台，一台运行，另一台备用，以提高可靠性。

按照负荷调节方案的要求，反应堆功率调节装置输入信号应包括：核功率信号、负荷功率信号以及一回路冷却剂平均温度信号，它们分别来自于核测量装置和过程参数测量装置。功率调节装置的输出一方面为低频电源提供自动调节棒组的棒速和方向信号，以实现对核功率的自动调节功能；另一方面为综合显示控制台提供核功率和需求功率信号，供显示。此外，还包括输出到其他一些控制装置的信号。

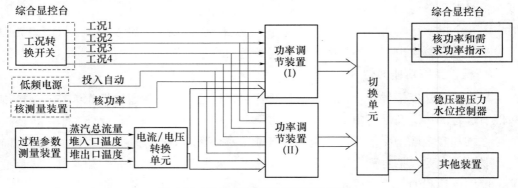

图 4.20　功率自动调节系统原理框图

图 4.20 中，工况转换开关用于工况转换时的操作，以实现功调装置在不同运行功况下按照不同的控制要求实现对反应堆核功率的自动调节，即控制算法有所差别。

电流/电压信号转换单元用于将来自过程参数测量系统的温度和流量测量电流信号，转换为标准电压信号，送往调节器的模拟量输入模块。

调节器切换单元用于手动切换功率调节器。保持一台工作，另一台备用，并给出相应指示。

压水堆功率自动控制系统的工作过程是：当二回路负荷降低时，蒸汽流量随之减少，二回路蒸汽温度、压力升高。由于反应堆仍保持原功率，一、二回路热平衡被破坏，冷却剂平均温度上升。此时，一方面由于温度反馈，通过反应堆的自调节能力，使反应堆功率逐渐下降；另一方面，需求功率计算器根据二回路负荷信号及冷却剂平均温度偏差信号，按照给定的稳态运行方案和负荷调节方案，计算出需求功率。需求功率与反应堆实际输出功率的差值信号经放大后，驱动控制棒向下移动，使反应堆功率随之下降。当反应堆输出功率与二回路负荷功率一致，且冷却剂平均温度恢复到预定值时，控制棒停止移动，反应堆动力装置在一个新的功率水平上运行。当二回路负荷提升时，同样经过上述过程，只是参数变化的趋势与上述相反。

3. 设备构成

早期的功率自动调节装置采用分离电子元件构成。目前，随着计算机技术的发展，功率自动调节装置已普遍实现了数字化，采用微处理器或可编程序控制器来实现。这样大大提高了系统的性能，提高了可靠性，减少了体积重量。

数字化的功率自动调节装置一般由模拟量输入部分、开关量输入部分、模拟量输出部分、开关量输出部分、CPU 模块、电源、机箱以及一系列的转换开关、指示仪表等组成。系统的软件则根据所采用的控制算法，以及需要处理的工况而编制。这种反应堆功率调节器的功能结构框图如图 4.21 所示。

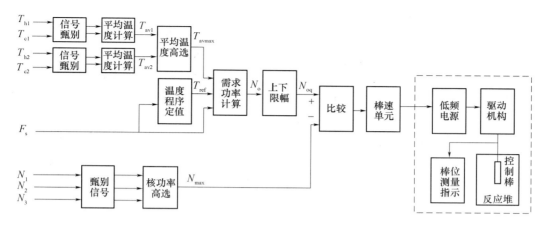

图 4.21　功率自动调节器结构框图

开关量输入模块接收综合显控台上工况转换开关提供的工况信号，以便功率调节器按照不同工况的要求计算棒速；以及来自低频电源柜的调节器投入自动控制触点信号，以实现手动控制切换到自动控制时的无扰切换。

模拟量输入模块接收反应堆核测量装置提供的核功率测量信号、过程参数综合测量运算装置提供的反应堆入口温度信号和出口温度信号以及蒸汽总流量信号，用于计算需求功率和棒速。

CPU 模块进行信号甄别、平均温度计算、平均温度高选、核功率高选、平均温度程序定值、需求功率计算、限幅、棒速和棒移动方向等处理功能。

模拟量输出模块在自动控制投入时，向低频电源柜送出自动调节棒组的棒速信号；向综合显示综合控制台送出需求功率信号和高选的核功率信号，显示给操纵员；向稳压器压力水位控制器送出高选平均温度信号，以产生稳压器给定水位的程序定值。

继电器输出模块向低频电源柜送出升棒、降棒、功率调节装置准备好 3 个状态信号；向综合显示综合控制操纵台送出 1 个功率调节装置准备好状态信号。

功率自动调节装置的软件首先对输入的温度信号和核功率信号进行遴选，删除故障通道信号，然后计算一回路冷却剂实际平均温度，将其作为需求功率计算的输入。另外，根据蒸汽负荷、运行工况和相应的稳态运行方案，计算出一回路冷却剂参考平均温度(图 4.3)。需求功率计算部分则根据蒸汽负荷信号、一回路冷却剂实际平均温度、一回路冷却剂参考平均温度，以及根据运行工况和负荷调节方案计算出需求功率。

为控制需求功率的幅值，防止快速瞬态过程中反应堆功率超调过大，计算所得的需求功率信号首先经过上、下限幅等数据处理，然后与实测核功率信号进行比较，产生功率偏差信号，经棒速处理软件模块获得棒速信号和棒移动方向信号，这些信号通过模拟量和继电器输出模块，送到调节棒的低频电源装置，控制低频电源的输出，驱动控制棒移动，改变堆芯反应性，调节反应堆功率，从而达到功率控制的目的。

4.4.5　棒位测量与指示系统

在反应堆运行过程中，控制棒的棒位是一个重要参数。棒位测量系统的主要功能是测量和显示所有控制棒在堆芯中所处的位置，为操纵人员提供操作依据，并将控制棒上、下极限位置信号提供给棒控系统作为联锁信号，防止控制棒运动超限。

棒位测量与指示系统主要由控制棒位置探测器、操作与信号处理单元以及棒位指示与报警装置组成。图 4.22 给出棒位测量与指示系统的组成方块图。从图 4.22 中可以看出，从信号来源上分，可分为实测棒位指示装置和给定棒位指示装置。从棒位显示方式分，可分为灯光式、指针式、机电数字式、数码管数字式以及屏幕显示等。

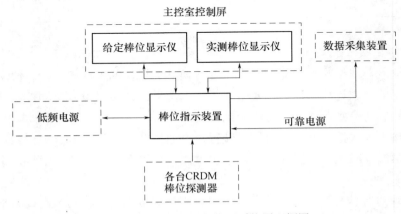

图 4.22　棒位测量与指示系统原理框图

实测棒位是指控制棒在堆芯内的实际位置，对其测量和指示主要有电磁感应式和磁化式两种。探测器一般安装于控制棒驱动机构中，由于空间有限，故实测棒位的分辨率相对较低，通常采用光柱方式显示。实测棒位是操纵员进行操作时的重要信息。

给定棒位是指在有手动或自动控制信号后，控制棒应该处于的位置，对其的计算是根据控制电路为使控制棒位移而发出脉冲信号的累计计数得到的。在控制棒没有失步的情况下，可以准确反映控制棒的位置，与实际棒位指示起到相互监督、互为备用的作用。它的分辨率要比实测棒位高得多，一般有表针式棒位指示、机电数字式棒位表和数码管式棒位表等形式。

1. 控制棒实际棒位探测器

控制棒实际棒位探测器主要有如下三种方式：

(1) 感应线圈型。它安装在控制棒驱动机构承压外罩的外边并与之同心，在控制棒的全行程范围内均匀地绕有初、次级线圈，控制棒则作为变换器的可动铁芯。初级线圈加稳定的交流电压，次级作为棒位探测线圈。当控制棒移动时，会改变初级和次级线圈之间的磁耦合强度，导致次级线圈的感应电压随控制棒的位置变化而变化，从而使输出信号与实际棒位成正比。这是舰船核动力装置通常采用的实际棒位探测器，其基本结构如图 4.23 所示。

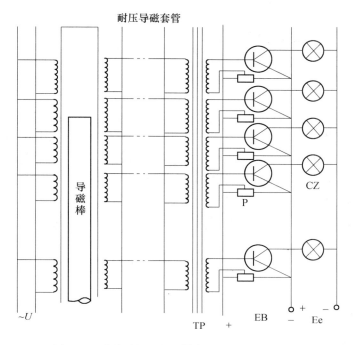

图 4.23 感应线圈型控制棒棒位测量装置结构图

(2) 舌簧开关型。由装在保护套管内的一系列舌簧开关和精密电阻网络组成。控制棒移动时装在驱动棒上端的永久磁铁接近某一舌簧开关时，该舌簧开关即闭合。分压网络便输出与控制棒位置成正比的模拟电压。

(3) 差分变压器型。这是一般用于大型压水堆上的葛莱码棒位指示系统的探测方法，其初级线圈通以交流电，次级线圈采用差分连接，输出信号为数字形式。

2. 棒位指示装置

棒位指示装置接收各台控制棒的棒位探测器送出的实测棒位信号，以及各台低频电源装置送出的给定棒位信号，经过信息处理后分别将棒位信号传给实测棒位显示仪和给定棒位数字显示仪。另外，还将各台控制棒上、下极限位置信号送给棒控系统作为连锁信号。

1) 实际棒位测量与显示

实际棒位测量由控制棒驱动机构内各控制棒棒位测量电磁感应线圈组、控制室内的棒位指示装置和主控室综合显示屏上的实测棒位灯光显示仪组成。当控制棒处于某一高度时，将引起对应高度上电磁感应线圈副边绕组产生感应电势，其输出信号送给棒位指示装置中实测单元，经处理后，再控制驱动器，给综合控制操纵台上的实际棒位灯光显示仪提供各控制棒的实际棒位位置信号，点亮棒位灯光显示仪内相应的棒位灯。实测棒位用光柱或灯光直观显示各根控制棒的位置，每列光柱由若干段组成，等距离间隔。上、下极限位置采用不同颜色表示，并给低频电源等其他装置提供各根控制棒上、下极限保护信号。

2) 给定棒位测量与显示

给定棒位显示仪安装在主控室综合显示屏上，其信号来自于低频电源，采用脉冲记数的方式获得，以数码的形式显示各控制棒的给定棒位。两种显示方式互为备用，并可通过对比及时发现失步故障。

给定棒位测量主要由控制室内的棒位指示装置和主控室综合显示屏上的给定棒位显示仪组成。棒位指示装置接收低频电源装置输出的每根控制棒的给定棒位信号和每组棒的升降信号以及停堆、反插信号，经计算处理后，输出脉冲信号和棒方向信号以及停堆、反插信号。这些信号传送给给定棒位数字显示仪，用数码管显示各个棒组的给定棒位值。

数字式棒位显示仪原理框图如图 4.24 所示。输入接口电路接收棒位指示装置输出的 N 束控制棒的运动脉冲信号和运动方向信号，经微处理器计算后，得到当前给定棒位，通过数码管显示。同时，将给定棒位值输出给参数记录装置存储。组选开关用于选择数码管显示的棒组给定棒位，棒选结合+10、-10 按钮用于在给定棒位与实测棒位出现失步时，调整给定棒位与实测棒位一致。另外，设置了复位按钮。

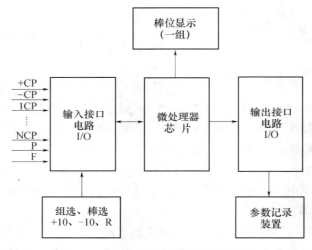

图 4.24　数字式棒位显示仪原理框图

复 习 题

1. 试说明反应堆功率控制的基本原理。

2. 反应堆功率控制具有哪些基本手段，各有什么优缺点，分别应用于什么场合？

3. 试说明稳态运行方案的含义，压水堆常采用的稳态运行方案有哪些？各有什么优缺点？

4. 试说明负荷调节方案的含义，压水堆常采用的负荷调节方案有哪些？各有什么优缺点？

5. 试说明压水堆功率控制系统的组成。

6. 试说明压水堆功率自动控制系统的原理以及组成。

7. 试分别说明自动和手动提升和减低反应堆输出功率的操作过程，以及控制信号在反应堆八功率控制系统中的形成过程。

第5章　核动力装置过程控制

过程控制系统是指以表征生产过程的参量为被控制量，使之接近给定值或保持在给定范围内的控制系统。这里的"过程"是指在工艺系统或设备中进行的物质和能量的相互作用和转换过程。基于船用核动力装置的复杂性和核安全的重要性，为了确保核动力装置的安全可靠运行，必须设置一套完整合理的过程参数测量和控制系统，用来对装置的各系统和单机的运行状态进行有效的监督、操作和控制。核动力装置的过程控制是核动力装置综合控制系统的重要组成部分，本章主要介绍船用核动力装置热工过程控制系统的原理、组成及工作过程。

5.1　概　述

5.1.1　核动力装置过程控制系统的功能

核动力装置的过程工艺系统是指组成核动力装置各分系统的各种容器、管道、阀门、泵、电加热器等，它们按照一定的工艺流程组成一个有序的系统，并通过有序的操作，实现物质和能量的相互转换与传输的工艺过程。

表征核动力装置工艺过程运行状态的主要热工过程参数包括温度、压力、流量、液位、成分等。过程控制系统即在核动力装置运行过程中，实现对这些参数的控制，从而保证整个装置系统能够安全有序地工作，完成将堆芯中的核裂变能转换为热能，从堆芯中有效地导出，并最终转换为机械能和电能。

因此，核动力装置过程控制系统的功能是通过对核动力装置各工艺过程中的泵、阀门和电热组件等设备的运行状态的控制，调节系统中的温度、压力、流量和水位等过程参数，有效地防止其运行状态偏离安全极限，确保核动力装置正常、安全地运行。

在正常运行工况下，过程控制系统能够满足对核动力装置负荷变化需求的控制，完成系统中设备的启动、停闭以及设备冷却的控制操作。

在核动力装置异常或事故运行工况下，过程控制系统能够完成对热工过程对象隔离，进行减缓事故的发展、排除事故的必要控制和操纵，使核动力装置返回到安全状态。

过程控制系统能够对核动力装置热工过程对象的运行状态实施全工况的运行监督，并进行过程参数的安全显示和越限报警，以确保核动力装置的安全运行。

5.1.2　过程控制系统的一般要求

核动力装置特别是对船用核动力装置，除了对其安全性具有较高的要求外，其过程控制系统应能够跟踪核动力装置的大幅度、高速率和频繁的负荷变化，确保其具有良好的机动性，并且将核动力装置的过程参数维持在运行工况规定的极限范围之内。具体要求如下：

1. 系统性能

控制系统必须满足核动力装置设计依据提出的性能要求，特别是针对船用核动力装置，在保证技术性能、船用条件的前提下，控制系统应做到结构简单、运行可靠。

在正常运行时，控制系统应以控制室集中操作为主要手段，各舱室就地操作为辅助手段。

过程控制系统除了自动控制外，还必须设置手动控制，以便在失去自动控制能力时能够依靠操纵人员的手动操作继续运行。

2. 信息显示

对控制系统中信息显示，要求在控制室里必须提供控制系统运行状态的全部重要信息和大部分的辅助信息，包括被控变量、驱动信号、执行机构状态以及联锁电路状态的指示等。其形式可以是 CRT 屏幕、指示仪表、灯光，重要参数应设置记录与存储装置。

当控制系统偏离正常运行工况时，要求在控制室里必须发出报警信号。报警信号的内容包括：被控变量与整定值偏差过大、被测变量的切除与旁通、控制系统联锁电路动作以及执行机构达到动作极限位置等。

3. 操作器件

在控制室的控制台上设置必要的操作器件，应包括自动／手动工作方式选择开关、信道或控制信号切除或旁通开关、执行机构的手动操作开关或按钮等。

4. 可用性

为了保证控制系统具有较高的可用性，必须进行高可靠性系统设计。包括硬件可靠性设计和软件可靠性设计。

硬件可靠性设计措施包括：选用高可靠性的元(部)件；对重要的控制系统可以采用冗余方式；对功能、性能要求相同的元(部)件，尽量选用标准件、通用件；对船用核动力装置，在材料结构、工艺设计上采取有效措施，满足船用条件的要求。

软件可靠性设计措施包括：采用不同算法、不同逻辑推理过程进行软件的冗余设计；采用成熟的检错码及纠错技术；在规定的环境条件和环境条件下，进行软件测试试验。

另外，控制系统在设计时应当考虑故障率、在线检查、离线检验频度、维修时间、动力源故障和共因故障等因素。

5. 可检验性

控制系统必须根据设备的功能、可用性要求，对系统的功能和技术指标进行定期检验和校验，检验对象包括系统和组成控制系统的所有单元。但是，应保证现场检验不能对核动力装置的运行和安全造成影响。

6. 可维修性

对控制系统维修性的要求，主要考虑在系统维修性设计中采用简化设计、可达性设计、标准化设计、识别标志设计和测试性设计等准则。

简化设计准则：在保证系统性能要求的条件下，尽可能简化系统的组成和电路。

可达性设计准则：在系统和设备的设计中，要充分考虑维修的方便性，系统或设备的自检功能便于故障诊断和排除故障。

标准化设计准则：在系统和设备的设计中，尽可能实现元(部)件的标准化、系列化和通用化，以保证备品备件供货的连续性。

识别标志设计准则：在系统和设备的设计中，对元(部)件的选择和布置、使用的电缆采取防差错措施及识别标志，以便于识别和避免维修过程中的出错。

测试性设计准则：在设计中，尽可能提高设备的自动测试、自动诊断能力，以便于迅速、准确地排除故障。

另外，还应考虑在控制系统的维修期间，不得影响核动力装置的运行和安全。

7. 电磁兼容性

对核动力装置过程控制系统的电磁兼容性要求，重点是在技术设计中对干扰和敏感度采取必要的控制措施。

供电设备隔离措施采用：要求供电设备的电源输入采用隔离变压器、整流滤波、功率因数校正，以减少电网对系统的干扰；系统中的设备采用各自独立的电源，以减少各设备间的共电源干扰。

信号传输隔离措施采用：对微电子设备与强电气设备的布置，要求隔开一定的距离，以减弱电磁场对控制系统的干扰影响；各设备间信号传输要求采用隔离变压器或光电器件进行隔离；各设备上的输入和输出信号采用磁屏蔽接插件和带屏蔽的电缆。

软件抗干扰措施：在控制系统应用软件设计中，要求除了采用一般的数字滤波措施外，还针对不同的软件模块特点，采用不同的软件抗干扰措施。

硬件抗干扰措施：控制设备的机箱要求采用屏蔽性能较好的金属外壳机箱；印制板的布线要求考虑电磁干扰的影响；当出现系统"死机"时，应设计程序自恢复电路。

8. 适应船用条件要求

对于构成控制系统的装置必须满足船用条件，并且尽量标准化、通用化、模块化。更换和调试方便。根据船用条件，控制装置的外形、尺寸尽可能统一，并在有些方面要求较高，如：

(1) 控制室中的设备、仪表一般采用防溅式或防滴式结构；

(2) 传感器、信号电缆连接件及堆舱的设备、仪表一般采用防水式结构。

上述只是叙述了船用核动力装置过程控制系统的通用要求，对于每个具体控制系统，还应有更详细的要求，这在后面介绍。

5.1.3 过程控制系统的组成

核动力装置过程控制系统应该包括从工艺过程接合处起，直至控制核动力装置参数的部件为止，所使用的所有设备和部件(硬件和软件)。例如：敏感元件、信号处理器、放大设备、逻辑装置、调节器、阀门驱动器和电机启动器等。在具体的某一控制系统中，可能包括上面的全部环节，也可能包括部分环节。而过程控制系统所需要的输入信号，也可以来自本系统以外的其他系统。

船用核动力装置的过程控制系统通常按照工艺系统划分，主要分为一回路过程控制系统、二回路过程控制系统，以及轴系控制系统。进一步细化可根据具体的工艺系统分为若干子系统，分别如图5.1和图5.2所示。一回路过程控制系统主要有冷却剂泵控制系统、稳压器压力与水位控制系统、余热排出过程控制系统、补水过程控制系统、设备冷却水过程控制系统、净化过程控制系统、安全注射过程控制系统等；二回路过程控制系统主要有蒸汽发生器水位控制系统、蒸汽排放控制系统、主辅冷凝器水位与过冷度控制系统、乏汽压力控制系统、辅蒸汽压力控制系统等。本章主要介绍一回路和二回路的主要过程控制系统。

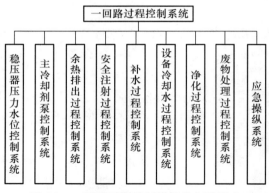

图 5.1　一回路过程控制系统的主要组成

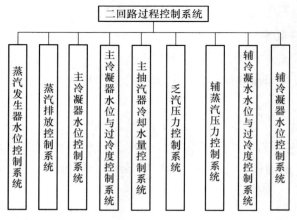

图 5.2　二回路过程控制系统的主要组成

5.2　稳压器压力控制

稳压器是压水型核反应堆动力装置的重要设备之一，它的任务是在核动力装置正常运行工况下，保持一回路压力在规定的限值以内。

在核动力装置负荷发生变化或出现堆芯反应性扰动时，都可能导致主冷却剂平均温度发生变化，引起冷却剂体积发生变化，一回路系统中冷却剂压力也随之而变。一回路压力过大，就会使压力边界处于危险的应力工况下，易发生设备疲劳、管道破裂等事故。压力过低，就有冷却剂汽化的危险，引起堆芯局部沸腾，燃料组件与冷却剂传热恶化，有可能出现燃料组件熔化的危险。因此，核动力装置正常运行工况下，必须保持稳压器压力在规定的限值以内。

稳压器压力控制系统用于保证反应堆冷却剂系统中的压力在稳态运行工况下保持在正常的压力波动范围内。在正常瞬态工况下，维持一回路压力在规定的限值以内，保证不会引起反应堆事故停堆，也不会导致安全阀动作。

5.2.1　稳压器压力控制的基本原理

稳压器是一直立式密封容积式平衡罐，在其底部通过波动管与反应堆出口的热管段连接，起到主冷却剂回路的压力波动箱的作用。在稳压器内部为具有一定压力的两相饱和状态的冷却剂。稳压器内与一回路具有相同的压力。对稳压器压力的控制就实现了对一回路压力的控制。

当一回路冷却剂温度增加时，冷却剂体积产生膨胀，通过波动管流入稳压器中，造成液相质量增加，使得汽相空间压缩，造成稳压器压力升高。相反地，当冷却剂温度降低时，冷却剂通过波动管流出稳压器，同时使得稳压器压力减小。

当核动力装置处于稳定状态时，稳压器内部是处于饱和状态下的气、水平衡的两相空间。其内部的压力与内部汽相蒸汽密度有着密切关系。因此，可以通过调节汽相的蒸汽密度来达到调节压力的目的。具体说来，稳压器的压力控制是对稳压器内汽相蒸汽进行喷雾使之冷却，或对液相冷却剂进行电加热使之蒸发，借以控制稳压器内的水和蒸汽的饱和参数的方法来实现。如果喷雾仍不能抑制稳压器的压力上升，当稳压器压力达到规定值时，应当启动释放阀排放蒸汽。如果压力仍继续上升达到安全限值时，引发安全阀起跳，以保证核反应堆的安全。

因此，稳压器压力控制系统是通过稳压器压力信号，自动或手动控制电加热器通断或喷雾阀等阀门的开闭来保证冷却剂系统的压力在规定的范围内变化，并当稳压器压力超过规定的限值时，发出报警信号。外加压力控制就是提供冷水喷雾和蒸汽释放作为辅助降压，提供电加热用来升高压力。其原理见图5.3。

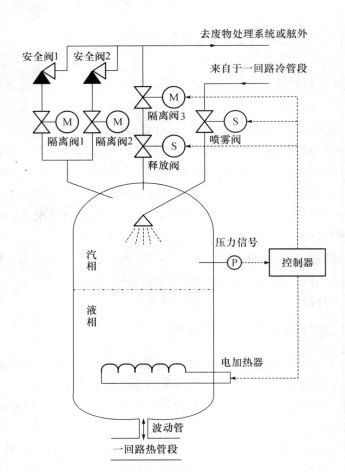

图 5.3　稳压器压力控制系统原理图

5.2.2　船用核动力装置稳压器压力控制系统

1. 系统组成

船用核动力装置的稳压器压力控制系统如图 5.4 所示。系统由稳压器、压力测量单元、控制器、喷雾阀、释放阀、安全阀、电加热器及相应的驱动电路组成。

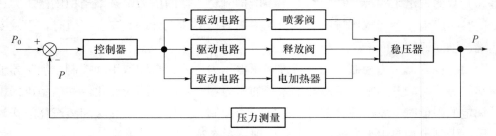

图 5.4　核动力装置的稳压器压力控制系统组成

(1) 控制器是控制系统中的核心，简单的控制器可以由定值器构成，通过设定不同的压力整定值，实现继电式控制规律。目前通常采用由微处理器构成计算机控制器或 PLC

86

组成，完成信号处理、计算、逻辑判断、故障诊断、信息显示等功能。

(2) 压力测量通常采用远传式压力变送器，根据实际需要可以采用单信道或者冗余多信道测量。

(3) 喷雾阀是通过喷雾管路与反应堆冷却剂冷管段连接，由冷却剂泵提供喷雾压头，将次冷水喷入稳压器汽腔。喷雾阀通常采用全密封式电磁阀，该电磁阀可以在控制室控制台屏上进行手动操作，也可以由控制器自动控制。

(4) 释放阀安装在稳压器的顶部，用于将稳压器内的蒸汽释放出去。释放阀也采用全密封式电磁阀，该电磁阀可以在控制室控制台屏上进行手动操作，也可以由控制器自动控制。

(5) 安全阀安装在稳压器的顶部，通常采用为无泄漏引导式安全阀，用于稳压器的超压保护。安全阀还设有中压空气驱动，用于安全阀自动跳开失灵时，由压力控制系统自动或手动控制中压空气管道上的电磁阀开启，用中压空气驱动安全阀动作。

(6) 电加热器安装在稳压器底部液相空间，由若干根插入式电热组件组成。它们通常被分为三大组：稳态运行组、启动运行组和备用组。所有电加热组件可以在控制室控制台屏上进行手动操作，稳态运行组用于自动调节压力，启动运行组用于启堆时升温升压，必要时也可用作自动调节压力。在核动力装置正常运行时，有部分电加热器固定投入运行，用于补偿设备和管路的散热。

(7) 驱动电路主要完成对电磁阀和电加热器等电器设备实施驱动的元部件，通常由继电器和接触器构成相应的控制电路，根据需要可以将这些元部件安装在控制屏内，如阀门控制屏和电加热器控制屏。

2. 工作原理

船用堆稳压器压力控制系统比较简单，多采用继电式控制规律，维持冷却剂压力在一定的范围内。

在正常运行工况下，稳压器内部是处于饱和状态下的汽、水平衡的两相空间。其内部的压力与内部汽相蒸汽密度有着密切关系。因此，可以通过喷雾冷却、释放卸压和加热蒸发的方法，调节汽相的蒸汽密度来达到压力的调节。如图 5.5 所示的稳压器压力控制功能图。

当核动力装置的负荷突然减小时，蒸汽发生器的输出热量减少，使主冷却剂平均温度上升，冷却剂的体积随之膨胀，使部分冷却剂通过波动管进入到稳压器，使得稳压器汽相容积减小，造成压力上升，这称为稳压器压力正波动。如果压力上升到 $P_{\text{sp-on}}$ 时，控制器给出信号驱动喷雾阀开启，向稳压器汽相空间喷淋次冷水，使其部分蒸汽冷凝而使压力降低，从而限制了主冷却剂压力的上升。当压力恢复到 $P_{\text{sp-off}}$ 时，控制器自动关闭喷雾阀。如果喷雾还不能限制压力上升，达到 P_H 时控制器给出高压报警信号，当上升到 $P_{\text{rv-on}}$ 时，控制器给出信号驱动释放阀开启，将部分高温高压的蒸汽迅速排出稳压器而泄压。当压力恢复到 $P_{\text{rv-off}}$ 时，控制器自动关闭释放阀。

注意，如果稳压器压力控制系统不能限制压力的上升，达到安全阀的整定值时，安全阀跳开向外泄压。由于释放阀和安全阀误起跳或起跳后不回座是出现概率相对较大，且后果很严重的事故(三里岛核电站事故的主要原因就是安全阀起跳后未回座，且操纵员未能及时判明其状态)，故在释放阀和安全阀后一般都会设置温度探头，以便探测阀门的开启状态。

当核动力装置的负荷突然增加时，引起主冷却剂平均温度下降，冷却剂的体积收缩，使稳压器中部分冷却剂通过波动管流入一回路中，使得稳压器汽相容积增加而压力降低，这称为稳压器压力负波动。如果压力降低到 P_{ht-on} 时，控制器输出信号驱动稳态运行组电加热器投入，加热稳压器液相水使之蒸发，以补偿压力的下降。当压力恢复到 P_{ht-off} 时，控制器自动切除稳态运行组电加热器。当压力降低到 P_L 时，控制器给出低压报警信号。

在事故工况下，当压力降低到 P_{cr} 时，由反应堆保护系统实施紧急停堆。当压力降低到 P_{az} 时，应投入安全注射系统。

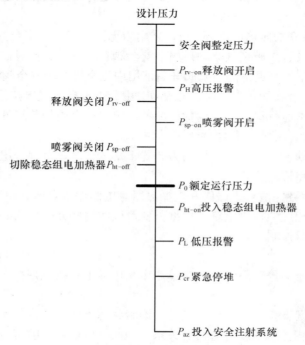

图 5.5　稳压器压力控制功能图

3. 控制电路

1) 阀门控制电路

喷雾阀、释放阀、安全阀中压空气阀门等均为电磁阀，其控制电路实现对这些阀门的手动操作和自动开启与关闭。

控制电路由操作开关、中间继电器等元部件组成。操作开关安装在控制室的主控台屏上，中间继电器等元部件安装在阀门控制屏内。其中，操作开关通常有手动开阀、手动关阀和自动三个位置。

在自动工作状态，阀门由控制器输出信号控制其打开和关闭，可采用开关式控制率或 PID 控制算法实现；在手动工作状态阀门的开、关由相应操作开关直接控制。另外，控制电路中还需设置电磁阀线圈的放电回路，以及阀门开关状态指示灯。

2) 电加热器控制电路

电加热器控制电路由各组电加热器的操作开关、中间继电器、接触器和断电接触器等元部件组成。操作开关安装在控制室的主控台屏上，中间继电器、接触器等元部件安装在电加热器控制屏内。稳态运行组设置了自动和手动两种工作状态，启动组通常设置为手动工作状态。根据实际需要，启动组也可设置自动工作状态。

在自动工作状态，电加热器由控制器输出信号控制，可采用开关式控制率或 PID 控制算法实现；手动工作时由操作开关直接控制。当稳压器水位较低时，为了防止电热组件因露出水面而被烧坏，控制器输出信号通过中间继电器驱动断电接触器，切断电加热器的控制电源，以切除所有的电加热器。若稳压器水位恢复后，控制电路自动恢复供电。

5.3 稳压器水位控制

稳压器水位控制系统使稳压器水位维持在由一回路冷却剂平均温度确定的限定值上，以保持稳压器内部有足够的汽相空间，从而使稳压器能很好地完成控制一回路压力的主要功能。对稳压器水位的控制，通常采用补水(或上充流量)和排水(或下泄流量)的控制实现。

根据压水型核反应堆动力装置的运行方案不同，稳压器水位控制系统的组成结构也不同。对冷却剂平均温度恒定的稳态运行方案，通常采用稳压器水位定值恒定的控制方式；对折中稳态运行方案，稳压器水位定值是随冷却剂平均温度的变化而变化的。

5.3.1 水位定值恒定的控制方式

压水型核反应堆动力装置如果采用冷却剂平均温度恒定的运行方案，稳压器水位定值是恒定不变的，水位控制系统比较简单，根据水位定值由控制器给出补水泵的启、停控制信号，自动控制冷却剂的补水量，使稳压器水位在规定的限值以内。

稳压器的排水通常只发生在启堆过程中，在功率区运行时，一般不再会发生排水动作，故船用核动力装置废水阀的控制通常采用手动方式进行。

1. 系统组成

稳压器水位控制系统原理框图如图 5.6 所示，它由稳压器、控制器、水位测量装置、补水泵及驱动电路组成。

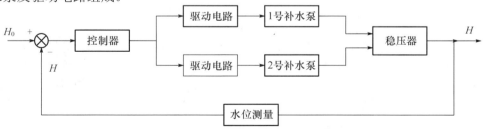

图 5.6　稳压器水位控制系统原理框图

控制器通常采用基于微处理器的计算机控制器或 PLC 构成。水位测量装置采用差压式水位测量方法。补水泵的驱动电路由继电器和接触器构成。

2. 工作原理

根据设计要求，稳压器水位控制系统的水位控制功能如图 5.7 所示。

在正常功率运行工况下，稳压器的水位维持在正常波动水位范围($H_{bs-on} \sim H_{bs-off}$)之内。由于某种原因(如冷却剂丧失)造成稳压器水位降低，降到 H_{bs-on} 时，水位控制器输出信号，启动补水泵向主冷却剂环路内补充冷却剂，以克服稳压器水位降低；如果水位恢复到 H_{bs-off} 时，水位控制器停止补水泵运行。如果水位继续降低至 H_L 时，水位控制器给出低水位报警信号。如果冷却剂丧失较多，使稳压器水位进一步降低，低于稳压器动态允许最低，达到 H_{ht-off} 点时，为了保护电加热器而切断其控制电源。

当稳压器水位过高时，通常手动打开废水阀，将冷却剂排到废物处理系统，以降低水位。

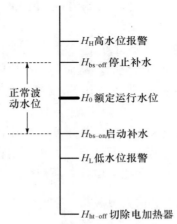

图 5.7　稳压器水位控制系统的水位控制功能图

3. 补水泵控制电路

在核动力装置中通常设置两台补水泵，有手动和自动两种运行工况。手动工况下可以单泵运行，也可以两泵同时运行，自动工况下只能有一台泵运行。

补水泵控制由启动按钮、停止按钮、延时继电器、中间继电器、接触器、操作开关等组成。由操作开关确定控制系统的手动和自动运行工况。

手动工况：在手动操作工况下，操作开关置"手动"位置。按下启动按钮直接接通接触器，启动补水泵运转。同时，补水泵运行状态指示灯亮。按下停止按钮，使补水泵停止运转。

自动工况：在自动操作工况下，根据需要可以由操作开关选择 1 号泵自动或 2 号泵自动。当操作开关置"1 号泵自动"位置时，首先将 2 号补水泵的自动控制回路断开。当稳压器水位低于 H_{bs-on} 时，水位控制器输出信号闭合，接通接触器，使得 1 号补水泵启动，同时，补水泵运行状态指示灯亮。当稳压器水位恢复到 H_{bs-off} 时，水位控制器输出信号使接触器断开，1 号补水泵停止运转。

5.3.2　水位定值变化的控制方式

对采用折中运行方案的压水堆核动力装置，稳压器水位定值是随冷却剂平均温度的变化而变化的。通常水位定值 H_{ref} 与一回路平均温度 T_{av} 成线性关系，这种关系是根据功率从 0~100%变化时，在没有排水的条件下，稳压器所能承受一回路水容积变化而计算确定，如图 5.8 所示。

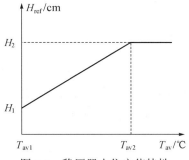

图 5.8　稳压器水位定值特性

稳压器水位控制系统的输入信号就是实际水位 H 和水位定值 H_{ref} 的差值。根据实际对象的要求不同，其控制系统可以采用简单的开关式控制方案和复杂的连续型 PI 控制方案。

稳压器水位控制器通常采用单片机或可编程控制器构成。由于稳压器水位定值是随冷却剂平均温度的变化而变化的，因此控制器需接收水位和平均温度信号，并在 CPU 模块中根据平均温度计算程序水位定值，完成定值水位与实测水位的比较运算和报警定值设定，最后由继电器输出模块输出补水泵启停驱动动作和报警信号。开关式稳压器水位控制系统原理组成如图 5.9 所示。宽量程水位测量信号用于切除电加热器和稳压器水位低保护的输入信号；窄量程水位测量信号用于稳压器水位低和高报警，以及补水泵控制的输入信号；平均温度测量信号用于确定稳压器水位给定值。

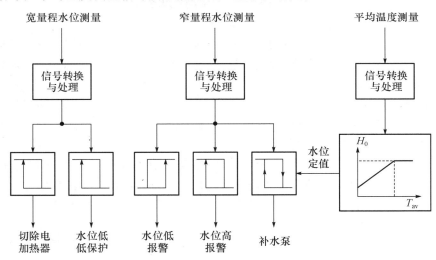

图 5.9　开关式稳压器水位控制系统原理图

1) 水位定值

由于反应堆功率在 0~100%之间运行时，采用冷却剂平均温度可变的运行方式，即反应堆的功率由 0 变化到 n_1 时，相应的反应堆稳态平均温度是变化的，反应堆平均温度的变化将导致一回路冷却剂的膨胀或收缩，稳压器水位发生相应变化。因此，稳压器水位在上述反应堆功率范围内不是恒定值。由反应堆平均温度的正常变化引起的稳压器水位波动属于水位的正常波动，不引起稳压器的补水或排水。为此，稳压器水位调节从反应堆功率自动调节装置中引入了高选平均温度信号，用于稳压器水位控制的程序定值。

2) 补水泵控制

通常采用一台补水泵投入自动，给冷却剂系统补水。如图 5.10 所示，当反应堆平均温度从 T_{av1} 点向 T_{av2} 点变化时，补水泵自动启动的定值点相应从 $c_1 \sim d_1$ 线性变化，补水泵自动停止运行的定值点相应从 $c_2 \sim d_2$ 线性变化。若水位进一步下降，达到水位低报警值，运行人员可根据报警信号手动启动另一台补水泵，确保反应堆的安全。

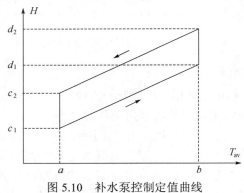

图 5.10 补水泵控制定值曲线

5.4 一回路主冷却剂泵控制

反应堆冷却剂系统由反应堆和并联到反应堆压力容器的多条相同传热环路构成，每条环路包含一台或二台反应堆冷却剂泵(主泵)。系统内的反应堆冷却剂分别由每条环路的一台主泵驱动，从环路的冷段进入反应堆压力容器，通过堆芯并被加热。

主泵的功能是使冷却剂在一回路中形成强迫循环，把反应堆中产生的热量传送至蒸汽发生器，产生蒸汽驱动汽轮机做功。主泵是核动力装置的关键设备之一，也是反应堆冷却剂系统中唯一的回转机械设备。

本节以双环路，每一条环路有两台主泵的核动力装置为例，介绍一回路主冷却剂泵控制系统。对于此种核动力装置，在其正常运行时，每条环路一台主泵运行，另一台主泵备用。由于各种原因造成运行主泵停止时，控制系统可自动切换，使备用主泵投入运行。

在第 4 章中曾经介绍，为降低高工况时反应堆出入口温差，减小蒸汽压力的波动，可采用冷却剂流量阶跃变化的调节方法，因此，主泵通常按高速和低速两种转速设计，通过高、低速绕组实现。

5.4.1 主泵控制系统功能

主泵控制系统主要完成主泵在自动与手动运行工况下的启动与停止、高速与低速切换控制任务。其主要实现以下功能：

(1) 为主泵提供工作动力电源。

(2) 在控制室能手动启动和停止主泵的高速和低速，前应急操作部位能够手动启动和停止主泵的低速。

(3) 当两条环路的主泵投入正常运行后，可进入自动运行方式，能完成自动运行工况要求的功能。

(4) 在两台主发电机正常供电时，若正在高速运行的泵发生故障而停运，则自动切换到其备用泵高速运行。

(5) 在一台主发电机发生故障而只有一台主发电机正常供电时，已在高速运行的二泵将继续运行，此时若其中一台主泵发生故障而停运，则此两泵切换到其备用泵低速运行。

(6) 当接到紧急停堆信号时，已在高速运行的泵将自动切换到其备用泵低速运行。

(7) 对于具有自然循环工况的核动力装置，在强迫循环与自然循环相互转换过程中，主泵低速应能按程序自动停止和启动。

(8) 当两条环路的主泵以不同速度运行的时间超过规定值时，低速运行的泵将自动停止运行，而高速运行的泵继续运行。

(9) 在停堆后的余热排出期间，一台主泵低速运行，另三台为备用，当运行泵故障停止运行时，其备用泵按顺序自动投入。

(10) 当两条回路冷却剂的温度差超过允许值时，低温环路中的主泵禁止启动。

(11) 在自然循环工况下和自然循环与强迫循环互相转换过程中，主泵高速禁止启动。

(12) 主泵的运行状态在综合显控台上和就地控制点均有相应指示。

5.4.2　系统组成与工作方式

主冷却剂泵控制系统由两个电气控制屏，安装于屏内的断路器、接触器、控制器及相应的转换开关、按钮、电表和电缆等组成。

以带备用泵的两泵双环路运行方式的反应堆冷却剂系统为例，主泵的运行工况比较复杂，控制要求严格。为提高控制技术性能，简化控制线路，满足主泵电气控制的可靠性要求，通常采用计算机控制系统进行控制。四台主泵的运行控制均由一台计算机控制器完成。另外，还设置了一台备用计算机控制器，两台控制器之间的切换手动完成。

主冷却剂泵控制系统设手动、自动和余热排出三种工作方式，其工作条件如下：

(1) 在反应堆启动过程中，采用手动控制方式。

(2) 当两条环路的主泵进入正常运行后，可投入自动运行方式，能完成各种工况下主泵的自动切换。

(3) 在反应堆停堆冷却过程中，切换到余热排出控制方式，可保证一台主泵低速可靠运行。

5.4.3　工作原理

主泵运行时，工况转换、自动控制以及部分联锁保护的实现，是将操作开关、控制按钮及联钮触点的状态变化输入到控制器，在控制器内部进行综合、判断和逻辑运算后，输出驱动相应的执行电器完成要求的功能。其原理框图见图 5.11。

主泵运行方式为手动操作、自动运行和余热排出三种工况。由综合显控台上的工况选择开关进行切换，控制器根据选择开关的状态分别进入不同的控制程序运行，完成不同的控制功能。

由于1号、2号主泵和3号、4号主泵的控制和运行方式类似，以下主要以1号、2号主泵为例，阐述主泵控制系统的工作原理。

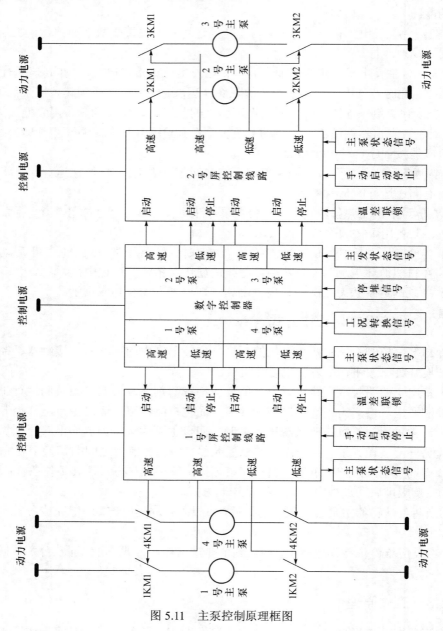

图 5.11 主泵控制原理框图

1. 手动操作工况

手动操作工况下，工况选择开关置于"手动"位置，切除数字控制器输出，所有控制操作由手动完成。

(1) 手动启动(或停止)主泵高速(或低速)运行。启动时，按下主高速(低速)启动按钮，主泵控制与主冷却剂相应回路中出入口阀门状态联锁，若阀门开启则启动运行，相应的运行指示灯点亮。否则相应泵不启动。

按下主泵高速(低速)停止按钮，可使正在高速(低速)运行的主泵停止运行。

(2) 一台主泵高速(或低速)运行时，可手动直接启动备用泵高速(或低速)运行，原运行泵停止工作；两台主泵高速运行，需切换至本泵低速运行时，需先手动停止本泵高速，然后再启动本泵低速运行。

(3) 一台主泵低速运行时，可直接启动本泵高速运行。

若 1 号泵原在低速运行，此时按下 2 号泵高速(低速)启动按钮，2 号泵高速(低速)接触器 2KM1(2KM2)动作，使 2 号泵高速(低速)启动，同时 1 号泵低速接触器 1KM2 断开，1 号泵低速停止运行。

若 1 号泵在低速运行时需切换到本泵高速运行，可直接按下 1 号泵高速启动按钮，1 号泵高速启动，同时，自动断开 1 号泵低速接触器 1KM2 使 1 号泵低速停止运行。

(4) 主泵上述操作是在综合显控台上完成的。为使用上的方便和事故情况下的操作，在应急操作部位主泵控制屏上设置有 4 台主泵的低速手动操作按钮，在需要的情况下可以通过操作相应的按钮来手动启动(停止)相应主泵的低速。

(5) 为防止误操作造成同一台泵高速和低速同时通电，同一台泵高速和低速启动回路中分别串入互锁触点。如 1 号泵启动回路中接触器 1KM1 串联的触点 1KM2，接触器 1KM2 串联的触点 1KM1，这样其高速(低速)接触器通电后就断开了其低速(高速)接触器的启动回路。

2. 自动运行工况

自动运行工况用来完成主泵运行时所要求的主泵各种工况状态的自动切换，以保证反应堆的正常安全运行。

自动运行工况必须在两台主泵高速(或低速)启动而使主冷却剂系统正常运行后才能投入。此时，工况选择开关置于"自动"位置，假设主冷却剂系统两条环路各有一台主泵(1 号泵和 3 号泵)正常运行，则

(1) 反应堆正常运行，两台主发电机供电，其联锁触点闭合。此时如果高速(或低速)运行的 1 号主泵发生故障，电气保护装置动作，断开高速接触器 1KM1 线圈回路，1KM1 失电断开，1 号泵高速停止运行。同时，1KM1 在数字控制器输入回路中的辅助触点闭合，数字控制器根据输入状态的变化，自动接通其备用泵 2 号泵高速启动中间继电器，高速接触器 2KM1 得电启动 2 号泵高速运行，2KM1 由其辅助触点自保持。

如果原在低速运行的 1 号泵发生故障，电气保护装置动作，断开低速接触器 1KM2 线圈回路，1KM2 失电断开，1 号泵低速停止运行。同时，1KM2 在数字控制器输入回路中的辅助触点闭合，数字控制器根据输入状态的变化，自动接通其备用泵 2 号泵在电气控制屏控制线路中的低速启动中间继电器，低速接触器 2KM2 得电启动 2 号泵低速运行，2KM2 由其辅助触点自保持。

(2) 反应堆正常运行，一台主发电机故障，仅一台主发电机供电。此时，两台主发电

机状态联锁触点中之一断开，如果原在高速运行的 1 号主泵发生故障，高速接触器断开使 1 号泵高速停止运行。因一台主发电机供电，所以数字控制器自动接通备用泵 2 号泵低速启动中间继电器，使 2KM2 得电启动 2 号泵低速运行。同时，另一条环路的运行泵 3 号泵高速也由数字控制器自动断开启动其备用泵 4 号泵低速运行。

(3) 若两台主发电机均故障而停止供电，1KM1、3KM1 均失电断开，1 号、3 号泵高速停止运行。此时主发电机联锁触点均由于主发电机故障而断开，数字控制器自动接通 2 号、4 号泵低速启动中间继电器，使接触器 2KM2、4KM2 得电闭合启动 2 号、4 号泵低速运行。

(4) 当反应堆正常或事故停堆时，停堆联锁触点闭合，数字控制器得到停堆信号，自动接通其备用泵 2 号、4 号泵低速启动中间继电器，低速接触器 2KM2、4KM2 因此得电使 2 号、4 号泵低速启动运行。同时，2 号、4 号泵低速接触器 2KM2、4KM2 在 2 号、3 号泵高速接触器 1KM1、3KM1 自保持回路中的常闭联锁触点自动断开，使得 1KM1、3KM1 失电，停止 1 号、3 号泵高速。

(5) 上述几种情况中，当正常运行泵高速停止运行后，启动备用泵低速运行。如果备用泵低速启动失败，此时将再次启动原主泵低速运行。但为了防止主泵高速运行停止后其转速未降到足够低时，直接启动低速造成的电流及转矩冲击，增加了一段时间的延迟。

(6) 当反应堆冷却剂系统需从强迫循环转换到自然循环时，首先将转换开关置于"手动"位置，手动操作 2 台主泵处于低速运行状态。假设此时 1 号、3 号泵低速运行，转换开始，来自堆控的状态联锁开关动作，状态信号输入数字控制器，数字控制器将按强迫循环到自然循环的转换程序依次自动接通 1 号、3 号低速停止中间继电器，断开 1KM2、3KM2 线圈回路，停止 1 号、3 号泵的低速。在转换过程中和转换完成后，来自堆控的状态联锁开关通过中间继电器自动断开 4 台主泵的高速启动回路。这样就防止了误操作造成事故或使转换失败。

(7) 当反应堆冷却剂系统需从自然循环转换到强迫循环时，来自堆控的状态联锁开关动作，状态转换信号输入数字控制器，数字控制器将按自然循环到强迫循环的转换程序依次自动接通 1 号、3 号低速停止中间继电器，接通 1KM2、3KM2 线圈回路，启动 1 号、3 号泵的低速运行。在转换过程中同时断开 4 台主泵的高速启动回路，以防止误操作造成事故或使转换失败。当转换完成后，来自堆控的状态联锁开关联锁接通四台主泵的高速启动回路，此时可将转换开关置于"手动"位置，手动启动 4 台主泵至高速运行。

3. 余热排出工况

在余热排出工况下，主冷却剂系统的 4 台主泵处于 1 台低速运行、3 台备用的状态。当紧急停堆时，控制系统自动停止两泵高速、启动其备用泵低速。此时应将工况选择开关置于"手动"位置，手动停止 1 台主泵，仅留 1 台主泵低速运行，然后将开关置于"余热排出"位置上。

在此种工况下，4 台主泵的联锁切换关系是由数字控制器内部程序保证的，假设 1 号泵低速运行，如果 1 号泵故障，则断开 1 号泵低速接触器 1KM2，1 号泵低速停止运行，数字控制器输入的主泵状态信号改变，数字控制器立即自动接通 2 号泵低速启动中间继电器，2 号泵低速接触器 2KM2 得电启动 2 号泵低速运行。如果 2 号泵又发生故障停止运行，则启动 3 号泵低速运行。如果 3 号泵再发生故障停止运行，则启动 4 号泵低速运行。

为了防止在同一次运行中已经启动过或运行过(由于启动不成功或故障停止运行)的泵被再次启动，控制器程序中作了标记，以保证同一次运行中任一台泵仅被启动(或运行)一次。

4. 联锁保护

1) 温差保护

温差保护用于防止反应堆发生冷水事故，该保护由温差联锁信号联锁控制。来自测量的温差联锁信号触点输入主泵控制回路，当两条环路冷却剂的温差超过规定值时，低温环路触点闭合，自动联锁断开相应环路主泵的高速和低速启动回路，低温环路的主泵停止运行，或不得启动。

2) 主泵电气保护

主泵电气保护由下述保护器件提供：

(1) 设置热继电器为主泵高速和低速提供过载保护。

(2) 设置断路器为主泵控制线路提供短路保护。

(3) 设置断路器分别为两台控制器工作电源和辅助电器提供短路保护。

5.5　一回路辅助系统工艺过程控制

5.5.1　余热排出过程控制系统

1. 压水堆核动力装置余热排出系统

余热排出系统的功能是在反应堆正常停堆期间及紧急停堆事故工况下排出堆芯的余热和设备潜热，以保证反应堆的安全。

船用压水堆核动力装置余热排出系统一般设置两套冗余的工艺系统，每一系统均由低速运行的主泵、余热排出泵、余热排出冷却器及相应的管道、阀门和仪表组成。

当余热排出系统投入时，依赖于一台低速运行的主泵与一台余热排出泵的运行，部分冷却剂从主泵出口通过余热排出泵升压后，流过余热排出冷却器，并回到主泵的入口。反应堆堆芯余热由流经余热排出冷却器的这部分冷却剂传给海水，海水来自二回路海水系统，流经余热排出冷却器后返回海水系统排往舷外。必要时，打开相应的阀门，可使设备冷却水系统进出口总管与余热排出系统相连接，则可实现使用设备冷却水冷却余热排出冷却器，此时，必须切断与海水管的连接，并确认余热排出冷却器内没有海水。

2. 余热排出过程控制系统

余热排出过程控制系统主要完成余热排出泵和相关阀门的手动启动与停止和自动切换控制任务。

(1) 为余热排出泵提供工作电源。

(2) 在综合显控台和就地能手动启动和停止。

(3) 在余热排出工况运行时启动一台余热排出泵运行。

(4) 两台泵互为备用，当一台拒动或运行故障，由联锁电路实现自动启动另一台泵运行。

(5) 两台余热排出泵的运行状态在综合显控台上和就地控制点均有相应的指示。

余热排出过程控制系统由电气控制屏，安装于屏内的断路器、接触器及相应的操作开关、按钮、电表和电缆等组成。

余热排出系统有两台余热排出泵，在余热排出工况下，两台泵一台运行，另一台备用。余热排出泵电气控制原理框图如图 5.12 所示。两台泵的运行控制方式均类似。

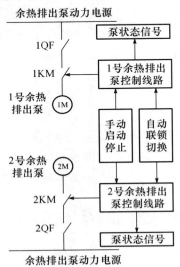

图 5.12　余热排出泵电气控制原理框图

5.5.2　净化过程控制系统

1. 净化系统

净化系统是由净化泵和阀门将反应堆冷却剂通过再生式和非再生式热交换器带到离子交换器，连续地去除反应堆冷却剂中可溶性和悬浮物杂质，以保证反应堆冷却剂中的杂质浓度和放射性活度在允许值以下。

净化系统是一个与反应堆冷却剂系统连通的独立高压净化回路。它包括净化泵(一般至少设置 2 台)、再生式热交换器、非再生式热交换器、离子交换器、过滤器及相应的管道、阀门和仪表等。

正常运行期间，一台净化泵从余热排出系统的入口接管引出反应堆冷却剂，经阀门进入净化系统。冷却剂首先经过再生式热交换器管程，与流经壳程的净化后冷液体进行热交换，使冷却剂温度得到第一次降低。接着流经非再生式热交换器管程，被壳程流动的设备冷却水冷却后进入离子交换器。冷却剂在离子交换器中除去可溶性离子杂质，并滤掉不可溶性杂质。然后，被净化后的冷却剂进入再生式热交换器壳程，升温后返回至反应堆主冷却剂管道。为了防止树脂漏入反应堆冷却剂系统，在离子交换器出口管线上装有过滤器。

2. 净化过程控制系统

净化过程控制系统主要完成净化泵手动启动与停止和自动切换控制任务。

(1) 为净化泵提供可靠动力电源。

(2) 控制室能手动启动和停止。

(3) 一台泵启动不成功或运行故障，由联锁电路实现自动启动另一台泵运行。

(4) 净化泵的运行状态在综合显控台上有相应的指示。

净化过程控制系统由电气控制屏，安装于屏内的断路器、接触器及相应的操作开关、按钮、电表和电缆等组成。

净化系统运行时，两台净化泵一台运行，另一台备用。

5.5.3 安全注射过程控制系统

1. 安全注射系统

船用核动力装置安全注射系统主要用于当发生反应堆冷却剂丧失事故时，先后将二回路备用水舱、一次屏蔽水箱和舱底的水注入堆芯，以防止堆芯熔化，或防止燃料组件和堆内构件出现可能妨碍堆芯冷却的变形。并且在必要时，向反应堆舱喷淋冷却水，降低反应堆舱的压力、温度和放射性活度。

本系统由高压安全注射分系统、低压安全注射分系统(含再循环冷却)和反应堆舱喷淋分系统组成。具体由高压安全注射泵(由补水泵承担此功能)、低压安全注射泵、余热排出冷却器、反应堆舱喷淋装置及相关的设备、管道、过滤器、阀门和仪表等组成。

2. 低压安全注射泵电气控制功能

低压安全注射泵电气控制的主要功能如下：

(1) 为低压安注泵电机提供可靠动力电源。

(2) 能在主控室手动操作。

(3) 在自动控制时,由保护系统低压安注信号自动启动1号低压安全注射泵。

(4) 泵运行状态在主控室有相应指示。

低压安全注射泵控制系统由电气控制箱，安装于箱内的断路器、接触器及相应的操作开关、按钮和电缆等组成。

5.5.4 补水过程控制系统

1. 补水系统的组成与工作原理

压水堆补水系统由补水泵、补水驳运泵和阀门，通过补水冷却器、离子交换器，将高纯度除盐、除氧水补充到反应堆冷却剂系统及辅助系统。

补水系统由补水冷却器、补水离子交换器(除氧离子交换器和除盐离子交换器)、补水泵、补水驳运泵、补水树脂过滤器以及管道、阀门和测量仪表组成。

正常运行时，本系统由二回路辅凝水泵供水，经补水冷却器冷却，再经补水离子交换器除盐、除氧后，成为合格的去离子水，然后用一台补水泵以一定流量补入反应堆冷却剂系统。

两台驳运泵作为补水泵的前置泵，当二回路停运或二回路来水压力不足时，可手动启动驳运泵从备用水舱或辅凝水泵出口抽水。

2. 补水过程控制系统

补水过程控制系统的功能是为补水系统中的用电设备提供电力和控制，通过对补水驳运泵和补水泵的控制，保证反应堆核动力装置一回路的补水要求。

(1) 补水驳运泵电气控制系统为补水驳运泵电机提供可靠动力电源；能在主控室和就地手动操作；在主控室和就地操作点有泵运行状态指示。

(2) 补水泵电气控制系统为补水泵电机提供可靠动力电源；在主控室和就地手动操作；能够由稳压器水位信号自动控制启动、停止；在主控室和就地操作点有泵运行状态指示。

补水控制系统由补水驳运泵、补水泵、电气控制箱，安装于箱内的断路器、接触器及相应的操作开关、按钮和电缆等组成。

5.5.5 设备冷却水过程控制系统

1. 设备冷却水系统

船用压水堆核动力装置设备冷却水系统用来冷却一回路系统需要冷却的设备，将其热量传给海水，并可向一次屏蔽水箱充水、补水和添加缓蚀剂。该系统由设备冷却水泵、热交换器、波动箱以及阀箱、阀门、仪表、管道和管路附件等组成。

设备冷却水泵是设备冷却水系统的主要动力设备，通过设备冷却水泵和阀门由设备冷却水带出一回路主要设备运行时产生的热量，以保证这些设备的正常工作。

2. 设备冷却水过程控制系统功能

设备冷却水泵的正常可靠运行决定了反应堆一回路系统设备冷却水的可靠供给。设备冷却水泵的供电与控制从电气上保证其正常可靠运行，并对其运行过程中的故障提供必要的保护。

设备冷却水泵电气控制的主要功能如下：

(1) 为设备冷却水电机提供可靠动力电源。

(2) 控制能手动操作，就地设置手动启动、停止按钮。

(3) 在正常运行工况下，两台设备冷却水泵一台运行，一台备用。当运行泵因故障停运时，备用泵由联锁电路控制自动启动。

(4) 两台泵同时受设备冷却水回路出口低流量信号控制，当运行泵正常运行时，若出现低流量信号，备用泵自动启动。

(5) 泵运行状态在控制室和就地操作点有相应指示。

设备冷却水泵控制系统由设备冷却水泵、电气控制箱，安装于箱内的断路器、接触器及相应的操作开关、按钮、电表和电缆等组成。

两台设备冷却水泵的控制设备安装在相应的电气控制箱内，在综合显控台和就地设置有两台设备冷却水泵手动启停按钮，以及运行工况指示。

5.5.6 应急控制

船用核动力装置应急控制是指当主控制室失效时，由应急控制操作台对反应堆和动力装置进行控制，实现停堆和余热安全导出，以保障核动力装置的安全。应急控制操作台与主控制室分布于不同的舱段中。

因此，应急控制操作台是核动力装置综合控制系统中的重要设备之一。当主控制室失去控制，核动力系统处于不安全的状态时，由应急控制操作台实施安全停堆，并与反应堆冷却剂泵电气控制屏一起完成反应堆余热排出功能，使反应堆处于安全状态。它可显示反应堆安全停堆必须监测的反应堆冷却剂出口温度、稳压器压力和水位信号等参数。

应急控制操作台主要由控制台、余热排出系统的操作开关、停堆控制开关、过程参数指示仪表等组成。

在中央控制室失去控制时，船员在应急控制台进行紧急停堆操作，先使停堆开关置于停堆位置，再打开余热排出系统相关阀门的操作开关，投入余热排出系统。反应堆主载热剂左右出口温度、稳压器压力、稳压器水位等参数的值，在应急控制台就可以观察。

5.6 蒸汽发生器水位控制

5.6.1 概述

1. 蒸汽发生器水位控制系统的功能

蒸汽发生器是压水堆核动力装置中的主要设备之一。在核反应堆每条主冷却剂回路上分别装有一台蒸汽发生器。其主要功能是把一回路冷却剂从反应堆芯带走的热量经蒸汽发生器管壁传给二回路水，使之产生蒸汽，带动汽轮机做功。同时，一回路水流经堆芯具有放射性，蒸汽发生器承担了防止二回路被污染的第二道防护屏障。

在核动力装置运行过程中，如果蒸汽发生器水位低，会有下列危险：

(1) 引起蒸汽进入给水环，从而将在给水管道中产生危险的汽锤。

(2) 引起管束传热恶化。

(3) 引起蒸汽发生器的管板热冲击。

如果蒸汽发生器水位过高，会有淹没汽水分离器的危险，使蒸汽干度降低而危害汽轮机叶片。可见控制蒸汽发生器水位的重要性。

蒸汽发生器水位控制是通过调节蒸汽发生器的给水量来完成其水位控制的，系统的主要任务是在正常运行的各种工况下能维持水位在一定的整定值范围内；在停堆状态下，通过自动或手动控制给水流量使水位恢复到相应整定值范围。

2. 对蒸汽发生器水位控制系统的要求

蒸汽发生器的水位控制是保证蒸汽发生器正常运行很重要的手段，其水位控制系统必须满足以下要求：

(1) 每台蒸汽发生器都必须设置水位控制系统，水位控制系统接收蒸汽流量、给水流量、实测水位和水位定值信号。

(2) 控制系统的响应速度要快，即在外部扰动下，系统能尽可能快地通过调节使水位重新接近给定值。

(3) 装置和控制系统必须是本质上稳定。

(4) 控制系统必须安全可靠，便于操作和维修。

5.6.2　船用蒸汽发生器水位控制系统

在蒸汽发生器运行中，冷却剂平均温度、给水流量、给水水温和负荷蒸汽流量的变化都会影响水位发生变化，但影响最大的是负荷蒸汽流量的变化。另外，蒸汽发生器之间也是相互影响的，在低负荷运行时影响尤为显著，在控制系统设计中应予考虑。为此，核电站通常的做法是为正常功率运行工况和启、停堆运行工况分别设置两套水位控制系统，其无扰切换根据被测给水流量自动完成。

由 2.3.3 节对蒸汽发生器水位特性的分析可知，在给水流量扰动和蒸汽流量扰动作用下，蒸汽发生器水位测量都会呈现一定程度上的假水位现象，如图 5.13 和图 5.14 所示。假水位现象对水位控制有较强的干扰作用，必须予以克服，否则会使蒸汽发生器出现"满水"或"干锅"事故。

因此，船用核动力装置蒸汽发生器水位控制系统通常是采用三冲量 PI 水位控制系统，所谓三冲量是指控制系统具有三个输入量作为控制变量，即水位信号、蒸汽负荷(流量)信号、给水流量信号。其中水位是主调节信号，蒸汽流量和给水流量信号作为辅助调节信号。这样，控制系统既可以消除水位静态偏差，又可以克服蒸汽发生器虚假水位对系统的影响，并能克服给水流量对蒸汽发生器水位的干扰。

1. 给水调节阀开度控制系统

蒸汽发生器水位控制的实质是给水量的控制，这是通过调节给水阀开度来实现的。根据给水调节阀驱动机构形式不同，控制器的构成也不同。船用核动力装置中蒸汽发生器的给水调节器的使用条件恶劣，要求结构坚固耐用，耐冲击(a 级)，耐振动(<I 级)，环境温度高，应具有三防能力和长期连续工作能力等。目前，给水阀的驱动机构有两种形式，即线性变速执行机构和恒速执行机构。应用较多的是恒速执行机构，即采用异步电动机驱动机构，该结构简单、控制方便、便于操作。

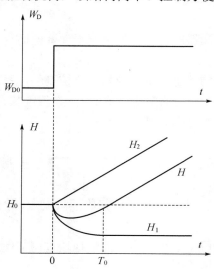

图 5.13　给水流量扰动下的水位特性

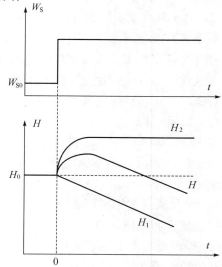

图 5.14　蒸汽流量扰动下的水位特性

1) 水位调节方案

控制系统中控制规律的选择，主要应依根据被控对象特性、负荷变化、系统干扰及控制系统性能指针的要求等因素。根据蒸汽发生器水位控制功能要求，目前常采用三冲量比例—积分(即 PI)控制器组成水位控制系统。

根据上述调节方案，蒸汽发生器水位控制系统的原理结构如图 5.15 所示。

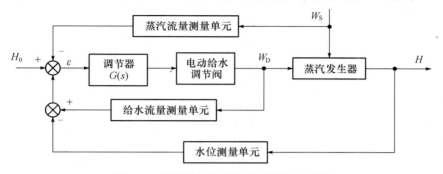

图 5.15　蒸汽发生器水位控制系统组成图

由图 5.15 看出，控制系统的偏差信号为

$$\varepsilon = K_W(W_D - W_S) - K_H(H - H_0) \tag{5-1}$$

此偏差信号作为 PI 调节器的输入信号，PI 调节器的输出调节给水调节阀的开度，以达到控制给水流量的目的。

水位调节系统设置为独立的 2 套，其作用是维持蒸汽发生器水位在规定值范围内，在变工况情况下，控制系统跟踪二回路负荷变化。该系统由设置在综合显控台上的自动/遥控操作方式选择开关、手开/手关遥控操作开关、调节器及水位压差变送器、电动给水调节阀等组成。

综合显控台上的工况选择开关置于"自动"位置时，蒸汽发生器水位控制信号由智能控制器完成，智能控制器的输入信号有蒸汽发生器水位、蒸汽流量、给水流量、给水调节阀开度等。

综合显控台上的工况选择开关置于"遥控"位置时，遥操开关操作控制程序根据调节阀全行程时间在每个采样周期增加或减少相应的开度值，从而达到控制的目的。

综合显控台上的工况选择开关置于"手动"位置时，通过调节阀就地手轮进行开阀或者关阀操作。

2) 系统组成

蒸汽发生器水位控制系统由水位控制系统和给水泵转速控制系统组成。

在图 5.15 中，水位控制系统由 PI 调节器、给水调节阀、蒸汽流量测量单元、给水流量测量单元、水位测量单元和蒸汽发生器组成。

(1) PI 调节器。PI 调节器是水位控制系统的核心，通常采用单片机构成，由软件完成 PI 规律运算，其传递函数为

$$G(s) = K_p \left(1 + \frac{1}{T_j s} \right) \tag{5-2}$$

由于低工况情况下流量测量单元的精度和稳定性问题，通常采用反应堆的热功率信号代表二回路负荷，采取单冲量调节方式，即以蒸汽发生器水位为调节量。主汽轮机高工况运行时，控制器采用三冲量调节方式，用给水流量跟踪二回路负荷(蒸汽流量)的方法对水位进行初调，当二者平衡时，再用实际水位信号对水位进行微调。

在变工况时，蒸汽发生器虚假水位现象较为严重，控制器在动态过程前期，利用蒸汽流量和给水流量的差值进行调节，使蒸汽流量和给水流量快速达到平衡，使系统趋于稳定，而水位不参与调节。动态过程后期及正常水位波动过程中，蒸汽发生器水位控制以水位信号为主要调节量，同时引入蒸汽流量和给水流量。

(2) 流量测量单元。蒸汽流量和给水流量测量通常采用节流式测量方法，取节流孔板前后压差送到流量变送器，得到标准电流信号作为测量反馈信号。

(3) 水位测量单元。由于船用核动力装置的机动性较大，二回路负荷变化非常频繁、且变化幅度较大，使得蒸汽发生器内部饱和水及蒸汽的状态变化较大，给水位的测量带来很大的困难，而水位信号的测量又是蒸汽发生器水位控制系统中的关键。因此，对蒸汽发生器水位的测量采用双参考管差压式水位测量装置，其输出的标准电流信号作为测量反馈信号。

(4) 电动调节阀。电动调节阀是蒸汽发生器水位控制系统的执行机构。它由电动传动装置和调节阀两部分组成。该阀不但可以电驱动，而且设有就地手动调节机构，还设有行程控制机构和扭矩过负荷自动保护装置，以及开度就地指示和远传开度信号。

电动传动装置以三相异步电动机为动力，当三相电源接通时电机正转，通过传动机构使阀门打开，当阀门全开时，通过行程控制机构断开电源；当改变电源的相序时，电机反转，传动机构使阀门关闭。当阀门全关时，行程控制机构又断开电源，停止关阀。电动机的开阀或关阀控制都是以恒定速度进行的。因此，它是恒速驱动机。

2. 蒸汽发生器给水泵转速控制系统

二回路系统中冷凝器的冷凝水由给水泵送至给水加热器，再在给水加热器内被乏汽加热后，通过电动给水调节阀向蒸汽发生器二次侧供水。

由于给水泵出口压头是流量的减函数，当给水流量控制要求给水阀动作时，阀门上游的水压存在着相反的变化，这与控制回路所要求的正好相反，其结果会破坏控制回路的稳定性；另外阀门上游的水压变化也影响到多台蒸汽发生器之间的耦合，当流入某一台蒸汽发生器的流量增加，那么由于阀门上游的压力下降，流入其他蒸汽发生器的流量就会减少。特别是在大流量时，主给水泵压力流量特性变化很陡，影响更为明显，所以必须保持调节阀上游水压稳定。

给水泵转速控制系统的作用是维持给水调节阀前后压差在规定值范围内，稳定给水调节阀上游的水压，满足蒸汽发生器对给水流量及压头的要求。图 5.16 给出一种给水泵转速控制系统原理图，它主要由两台自能源式汽轮给水泵转速调节阀及相应的控制器组成。

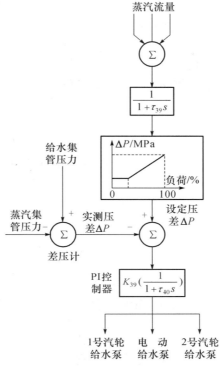

图 5.16　一种给水泵转速控制系统原理图

　　汽轮给水泵转速通过汽轮给水泵进汽调节阀来控制。进汽调节阀接收给水调节阀前、后压力信号，根据这两个压力信号差值的大小来改变调节阀的开度，从而控制汽轮给水泵的进气量，达到控制汽轮给水泵的转速的目的。由于汽轮给水泵机组有双机并车运行和单机运行两种方式，所以进汽调节阀也有两种运行方式：在双机并车时，两台进汽调节阀均投入工作，单机运行时，一台工作，另一台处于非工作方式。自能源式进汽调节阀一旦投入工作，在运行中只能自控，不能手控。

5.7　蒸汽排放控制

　　在压水堆核动力装置中，当汽轮机快速降负荷时，由于反应堆功率不能像汽轮机负荷那样快速地变化，因而采用直接向凝汽器和除氧器或向大气排放主蒸汽的方法，提供一个"人为的"反应堆负荷，以便减缓二回路系统温度与压力瞬态的变化幅度。

5.7.1　概述

　　船用核动力装置蒸汽排放系统包括机动排放、安全排放和主机速关排放等功能。

1. 机动排放

机动排放是为了满足机动性及核动力装置急剧变换工况的要求，将一部分蒸汽排放出主蒸汽系统，在蒸汽发生器上保持一个人为的负荷，以减小反应堆冷却剂系统的瞬态变化，从而解决二回路动力装置实际消耗功率与反应堆核功率之间不平衡的矛盾，保证整个动力装置的安全运行。

当二回路汽轮机急剧降负荷时，使得一、二回路产生较大的功率差，则机动排放利用这个功率差信号，控制蒸汽排放阀开启以实现排放功能。

2. 安全排放

在核动力装置运行过程中，由于某种原因使二回路蒸汽压力升高，则可利用蒸汽排放系统排放一部分蒸汽，以保证二回路各耗汽设备与蒸汽管路的安全运行。

安全排放功能是由蒸汽压力信号通过控制排放阀的开启来完成的。

3. 主机速关排放

在主机速关时，为抑制蒸汽压力的上升，通过主机速关信号，控制蒸汽排放系统排出一部分蒸汽。

5.7.2 控制系统组成

船用核动力装置蒸汽排放系统原理图如图 5.17 所示。与核电站不同，船用核动力装置的蒸汽排放全部都是排放到减温减压箱中，然后再到主冷凝器进行冷却，没有向大气排放的功能。

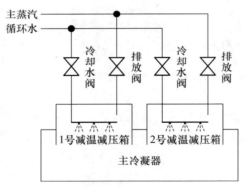

图 5.17　蒸汽排放系统原理图

蒸汽排放系统通常至少设置由两条回路组成，在每条回路中由一个排放电磁阀控制，使高温高压蒸汽排放到减温减压箱，在每个减温减压箱中分别有一个冷却水电磁阀，控制冷却水对排放的蒸汽进行减温减压。两组排放阀门分别可以手动和自动控制，自动状态分别受功率差信号和蒸汽压力信号控制，以完成机动排放和安全排放等功能。

控制系统由蒸汽排放控制器，以及安装于综合显示控制台上的蒸汽排放自动/遥控方式选择开关、蒸汽排放手开/手关遥控操作开关、蒸汽排放电磁阀和冷却水电磁阀等组成。

在手动工况时，通过蒸汽排放操作开关进行蒸汽排放。

在自动工况时，排放信号由蒸汽排放控制器给出。控制器输入信号有主机速关、主

106

蒸汽压力、主蒸汽流量、核功率等。

5.7.3 控制系统工作原理

根据船用核动力装置蒸汽排放系统设计要求,其控制系统的工作程序可采用不同的方式。图 5.18 所示为一种可采用的方式。

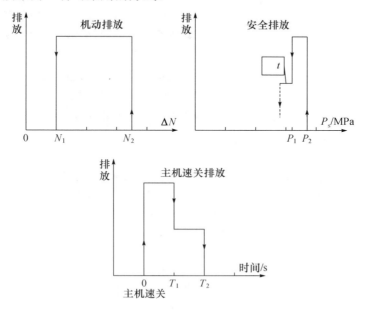

图 5.18　蒸汽排放控制系统的工作程序图

1. 机动排放工况

机动排放工况是为了解决汽轮机急剧降负荷与反应堆热惯性之间的矛盾,当二者功率发生不平衡时进行机动排放。

在核动力装置机动过程中,反应堆功率超出二回路消耗功率,当超出量达到全负荷的 N_2 时,控制器输出控制信号给阀门控制电路,控制两组排放阀同时开启,两条排放回路同时投入工作。当超出量减小到 N_1 时,两条排放回路同时关闭。

在这里,代表二回路消耗功率的是二回路主蒸汽流量参数,那么与一回路反应堆功率相比较时,必须将堆功率转换为对应的蒸汽流量值。

2. 安全排放工况

当二回路动力装置负荷降低时,若主蒸汽管路的蒸汽压力升高得过多,为了避免二回路的管路和设备损坏,必须将部分蒸汽排放掉。当调压阀后蒸汽压力上升到 P_2 时,此压力信号经控制器输出控制信号给阀门控制电路,使两组排放阀门都自动开启,将部分蒸汽排放到减温减压箱中。其后,在蒸汽压力减小到 P_1 时,第一组停止排放,延时时间 t(秒)后,第二组停止排放。

3. 主机速关排放

当二回路功率大于 N_3,且主机速关时,两组排放阀同时开启进行蒸汽排放,经过 T_1(秒)后关闭 1#排放阀,再过 T_2(秒)后关闭 2#排放阀。

5.8 主冷凝器水位与过冷度控制

5.8.1 概述

主冷凝器用于冷凝主汽轮机排汽及其他排汽和疏水(包括冷凝在蒸汽排放时从蒸汽发生器直接排出的蒸汽和高压缸单缸运行时直接过来的蒸汽),在主汽轮机排汽口建立并维持真空,以保证整个机组正常运行,并将冷凝下来的纯净冷凝水作为蒸汽发生器的给水及主抽气器的冷却水。

主冷凝器正常工作时,必须维持其水位在给定范围内,以保持其具有要求的真空度。同时,需要保持主凝水具有一定的过冷度,以保持主凝水含氧量满足要求。这分别是通过主冷凝器水位控制系统与过冷度控制系统实现的。本节分别介绍这两个控制系统。

5.8.2 主冷凝器水位控制系统

主冷凝器水位控制系统的作用是在核动力装置各种运行工况下,维持主冷凝器水位在规定值范围内,以维持主冷凝器的真空度,使主凝水泵安全有效的工作。它是通过调节主凝水水位电动调节阀的开度来实现的。主冷凝器水位控制系统的工艺流程如图 5.19 所示。主凝水水位电动调节阀的结构如图 5.20 所示。

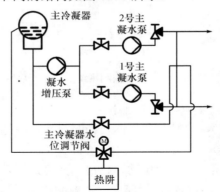

图 5.19 主冷凝器水位控制系统工艺流程简图

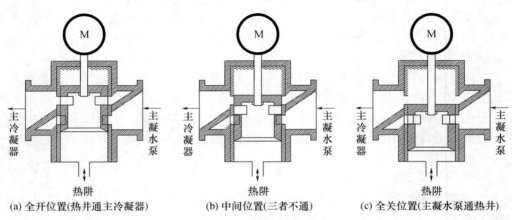

(a) 全开位置(热井通主冷凝器)　(b) 中间位置(三者不通)　(c) 全关位置(主凝水泵通热井)

图 5.20 电动水位调节阀阀位结构图

主冷凝器水位控制系统由智能控制器、主凝水阀自动/遥控操作方式选择开关和手开/手关遥控操作开关、驱动电路、电动执行机构等组成。通过主冷凝器水位控制系统，可以在主机舱集控台上和就地手动开、关主凝水阀；也可根据主冷凝器水位信号，由控制器自动开、关主凝水水阀。

主冷凝器水位自动控制由智能控制器实现，控制器的输入信号有主冷凝器水位信号及调节阀开度信号，控制器的输出信号经驱动电路功率放大后控制电动调节阀的开关动作。正常水位时，电动三通调节阀处于中间位置，即热阱与冷凝器、凝水泵出口管道三者之间互不相通；当主冷凝器水位偏高时，智能控制器的输出使调节阀下移，接通热阱与凝水泵出口管道，使凝水排至热阱，从而使冷凝器水位下降，恢复正常；当主冷凝器水位偏低时时，智能控制器的输出使调节阀上移，接通热阱与冷凝器的通道，使热阱中的水补至冷凝器，从而使冷凝器水位上升，恢复正常。

5.8.3 主凝水过冷度控制系统

主凝水过冷度控制系统的作用是通过控制主凝水的过冷度，来达到控制主凝水含氧量在规定值范围内的目的。该系统由主循环泵转速控制和鼓泡除氧阀开度控制系统组成。主冷凝器过冷度控制系统组成如图 5.21 所示。

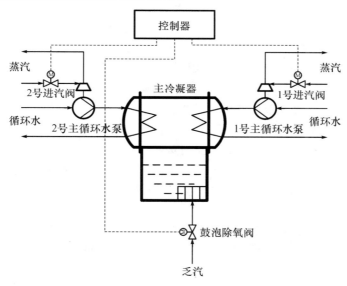

图 5.21 主冷凝器过冷度控制系统组成

通过控制主循环泵转速，来控制对凝水的冷却量，从而控制凝水的过冷度。增大主循环水泵进汽阀开度，则增加循环水流量，从而增大凝水过冷度。主循环水泵转速的控制是通过调节 1 号、2 号主循环水泵进汽阀的开度来实现的。控制方式有自动和手动两种，通过综合显示控制台上主循环水泵自动/遥控方式选择开关进行选择。当选择开关置于自动时，控制信号由主凝水过冷度智能控制器给出，输出信号经驱动电路控制 1 号、2 号主循环水泵进汽阀的开阀和关阀。当选择开关置于遥控时，通过 1 号、2 号主循环水泵进汽阀手开/手关遥操开关进行手动调节。在综合显示控制台和主机舱集中控制台上均设有 1 号、2 号主循环水泵进汽阀遥操开关，可通过综合显示控制台上主循环水泵控制地点操作开关进行选择。

通过鼓泡除氧阀开度控制，来控制乏汽对凝水的加热量，从而控制凝水的过冷度。增大鼓泡除氧阀开度，乏汽流量增加，使凝水温度升高，减小凝水过冷度和含氧量。

辅冷凝器水位与过冷度的控制与上述原理类似。

二回路系统其他工艺流程的控制相对较简单，根据各工艺流程的工作要求，通过开关相应的阀门和启停相应的泵来实现，主要是一种开关控制，在此就不一一赘述了。

复 习 题

1. 试说明压水堆核动力装置过程控制系统的主要组成和功能。
2. 试说明在压水堆核动力装置中，对过程控制系统的要求有哪些？
3. 试述在船用核动力装置中，稳压器压力控制系统的主要组成。
4. 试述在船用核动力装置中，稳压器压力控制系统的基本工作原理。
5. 试述在核动力装置中，稳压器水位控制系统的两种控制方式。
6. 试述在船用核动力装置中，稳压器水位控制系统的构成和工作原理。
7. 试述一回路冷却剂泵控制系统的主要功能、工作方式以及工作原理。
8. 试述余热排出系统的工艺过程及其控制原理。
9. 试述净化系统的工艺过程及其控制原理。
10. 试述安全注射系统的工艺过程及其控制原理。
11. 试述补水系统的工艺过程及其控制原理。
12. 试述设备冷却水系统的工艺过程及其控制原理。
13. 试述应急控制系统的组成及其控制功能。
14. 试说明在压水堆核动力装置中，对蒸汽发生器水位控制系统的要求有哪些？
15. 蒸汽发生器"虚假水位"形成的机理是什么？对系统会产生什么影响？
16. 试述在船用核动力装置中，蒸汽发生器水位控制系统的主要组成和工作原理。
17. 试说明压水堆核动力装置蒸汽排放控制系统的主要功能和工作程序。
18. 试述主冷凝器水位控制和过冷度控制的原理和手段。

第6章　反应堆安全保护系统

反应堆安全保护系统是核动力装置综合控制系统的一个重要组成部分，是确保反应堆及其动力装置安全可靠运行的重要保障。为了保证反应堆安全而可靠地运行，人们对反应堆安全保护系统的设计和使用从安全性和可靠性角度提出了越来越高的要求。随着技术的发展，安全保护系统的性能也在逐步完善与提高，并向着全数字化方向发展。

核动力装置是一种具有潜在放射性污染风险的复杂系统，反应堆的安全性与可用性，贯穿于核动力装置的设计、建造、使用、维修与退役的整个全寿命周期中。为此，人们从各个方面采取多种措施，确保核动力装置的安全可靠。例如，前文曾经介绍过的在压水堆设计中采用负的温度反应性反馈系数；冷却剂回路采用多回路并联方式，且每条回路采用两台主冷却剂泵，以保证堆芯冷却；在建造中采用先进的结构形式、严格的工艺要求、高质量的元件与材料；在使用中严格执行操作规程等。但是，由于设计中不可能将各种影响安全的因素都考虑得十分周到，生产过程中难免存在缺陷，使用中难免出现误操作，以及设备的老化、损坏等，都可能引发事故。因此，各种类型的核动力装置均设置有安全保护系统，以提高反应堆运行的安全可靠性。

本章重点介绍压水反应堆安全保护系统的功能、组成、设计原则、典型结构以及船用反应堆安全保护系统的基本结构等。

6.1　概　　述

6.1.1　反应堆安全保护系统的功能

反应堆安全保护系统是监督反应堆的异常状态，必要时产生与保护任务有关的信号，防止反应堆运行状态超过规定的安全限值或减轻超过安全限值所造成损坏和损坏后果的系统。

对于船用压水堆、反应堆及其动力装置的安全可靠性将直接影响到舰船的生命力、战斗力和总体性能，也直接关系到舰船人员与环境的安全和国家的政治影响。所以在运行中，为保证反应堆的安全，保护系统必须能够连续监测反应堆的主要参数，以防止超过规定的安全极限或限制超过安全极限造成的后果。其功能体现在以下方面：

(1) 发出警告。反应堆在运行过程中，当被监测的参数偏离正常值，即出现异常工况，但还不至于马上危及反应堆安全时，保护系统自动地给出音响、灯光报警信号，提醒操纵人员注意，及时分析处理，防止造成损害。

(2) 停堆或快速降功率。当被监测的参数超过规定的安全极限，即出现危险工况时，保护系统能自动降功率或停堆，同时给出灯光、音响报警信号，以限制事故的扩大。而且，保护系统在给出保护信号时，要确保不被其他任何系统的指令所干扰，除非保护系统被切除。

(3) 启动专设安全措施。当出现超出停堆保护能力的事故时，能启动相应的专设安全设施，如安全注射系统、堆舱喷淋系统等，缩小事故范围和防止放射性污染。

(4) 安全联锁。反应堆在启动或运行中，当反应堆运行达到某种状态时，安全保护系统通过联锁装置，允许手动或自动闭锁某些保护动作，禁止某些可能引起事故的动作。

6.1.2　安全保护系统的保护参数

1. 保护参数的定义

反应堆的运行是一个复杂的动态过程，为保证反应堆的安全，反应堆必须在既定工况下运行。描述反应堆运行工况的参数很多，其中包括核参数、热工参数及各种装置的运行参数。严格说来，在运行中任一参数偏离正常值时，都可能影响反应堆的安全，但是对动力堆而言，不仅要安全，而且还要连续地给出功率。所以，对每个参数进行保护就显得没有必要了。实际上，人们只能选择那些对反应堆和舰船的安全有决定影响的参数作为保护系统实施保护的依据。这些被选定的参数称为保护参数。

2. 保护参数的选择依据

保护参数及保护动作整定值的选定，是通过对反应堆事故进行全面的物理、热工、装置、控制方面的分析及运行经验而定。对于船用堆，除了确保反应堆的安全可靠运行外，还必须尽量保证反应堆连续运行。在进行安全分析时，主要考虑堆芯保护、一回路冷却剂承压边界的保护和堆舱的保护。

堆芯保护是要确保包壳的完整性，在压水堆中通常是通过限制偏离泡核沸腾比(DNBR)达到某一最小值来防止燃料熔化，这个最小值就是防止包壳损坏的安全极限，这个变量就是安全极限变量(或保护变量)。西屋公司的京纳核电站 1 号机组保护系统，当燃料棒的偏离泡核沸腾比降至低于最小值为 1.3 以下时，触发反应堆停闭。但在很多情况下，安全极限变量是不能直接测量的，必须根据其他的测量以及已知的或假设的参数推导出来。如偏离泡核沸腾比取决于热功率、冷却剂流量、冷却剂温度、冷却剂压力和堆芯功率分布(热管因子)。把偏离泡核沸腾的安全极限变换为这些变量的曲线，若这些运行变量接近这些曲线所确定的区域边界，则触发反应堆停闭。

一回路冷却剂承压边界的保护是确保一回路冷却剂承压边界的完整性，保护的安全极限包括冷却剂压力的上限、加热和冷却速率的极限。压力由卸压阀或排放阀来限制，加热和冷却速率通常是由管理程序来控制的。

另外，还要考虑对安全壳或堆舱屏障的保护和限制事故进一步扩大的保护，通常是通过启动专设安全设施和反应堆停闭系统来完成。专设安全设施的各种动作是由来自诸如冷却剂低水位、冷却剂低压力、安全壳高压力、安全壳中辐射强度过高、蒸汽管道内辐射强度过高、高蒸汽流量、蒸汽发生器中低水位以及蒸汽发生器低压力等这样一些变量的保护动作信号所触发，并在事故期间进行控制。而反应堆停闭则靠冷却剂压力过高保护动作信号和核功率过高等保护动作信号来触发。经常采用两个或两个以上不同变量值的符合，来指示真实的故障。

3. 船用压水堆核动力装置保护参数

一般说来，船用压水堆可能发生的主要事故有启堆事故、失水事故、提棒事故、冷水事故、断电事故、断流事故、卡棒事故等。根据对这些事故的分析，并考虑同一事故采用多重保护的原则，船用压水堆核动力装置一般有下列保护参数：

(1) 中子功率(或中子注量率)。对一个具体的反应堆，在一回路冷却剂流量和二回路输出功率不变的情况下，反应堆中子注量率越高，产生的热功率越大。由于冷却剂不能将更多的热量带出堆芯，势必使堆芯温度升高，堆芯温度达到结构材料所不能允许的数值时，使反应堆堆芯烧毁。因此，几乎所有的反应堆，均把反应堆功率作为重要的保护参数。

(2) 一回路冷却剂流量。冷却剂传递的热功率基本上与冷却剂流量成正比，所以当冷却剂流量下降时，从堆芯带出的热量下降，如果反应堆运行功率不变，就会使反应堆堆芯温度升高危及反应堆的安全，所以一回路冷却剂流量一般也作为重要保护参数。

(3) 反应堆出口温度。反应堆冷却剂出口处温度，间接地反应出堆芯温度。堆出口温度高，说明堆芯温度高。当温度超过一定值时，会造成烧毁事故。

对于压水堆，在比较低的功率下，由于控制棒系统失灵或误操作等原因，使控制棒以某一较快速度提棒，此时，堆功率将很快上升，冷却剂温度也将很快上升。在堆功率还没有超出允许值时，堆芯温度将超出允许值，使堆芯烧毁或使一、二回路超压，造成低功率提棒事故。因此，只有超功率保护是不够的，还要设置反应堆出口超温保护，把反应堆出口温度也作为保护参数。

(4) 冷却剂系统压力。冷却剂系统的管道破损、阀门泄漏、压力调节系统失灵等，都可能造成冷却剂系统压力降低。冷却剂系统压力低，说明系统有故障。同时，会造成堆芯体积沸腾，破坏堆芯的冷却条件。因此，把冷却剂系统压力作为保护参数。

由于压力调节系统失灵、提棒事故或二回路甩负荷等原因，造成冷却剂压力过高。压力过高，会使回路系统超压而破损。因此，当压力高于某一允许值时，也要对反应堆实施保护。

(5) 反应堆周期。

反应堆周期反映了反应堆功率变化的速度，当反应堆提升功率，特别是启堆运行过程中，如果在临界状态附近提升控制棒引入正反应性过大，就会使反应堆功率增加过快，即反应堆周期过短，引入的反应性大到一定数值时，就会使反应堆进入瞬发临界，造成反应堆功率增长不可控制的局面。这就是所谓的短周期事故。同时堆内结构材料存在内应力，不允许堆芯温度升高过快。因此，把反应堆周期作为重要的保护参数，对其数值严加限制。

(6) 冷却剂泵断电。

如果冷却剂泵全部断电，则冷却剂流量将很快下降，堆芯由于得不到冷却而烧毁。所以，在冷却剂泵断电时，必须对反应堆实施保护。

(7) 反应堆入口温差。当反应堆两个回路的入口处冷却剂温差超过一定值时，若启动冷回路，将造成冷水事故。因此，将反应堆入口温差作为保护参数。

除上述一些保护参数外，还有其他一些保护参数，如稳压器水位、堆舱温度、压力、蒸汽发生器水位、蒸汽压力等。选择保护参数要根据具体的反应堆和舰船的整体安全为原则。

6.1.3 安全保护系统的保护方式

对于船用动力堆，不仅要安全可靠，而且还要保证连续运行。因此，当反应堆出现事故时，必须根据事故的严重程度，采取相应的保护方式。

船用压水堆采用的保护方式一般有：

1. 安全报警

当反应堆出现异常工况(即保护参数达到有害极限)时，安全保护系统发出灯光、音响报警信号，提醒操纵人员注意，并指出事故内容，以供操纵人员分析处理。

2. 安全联锁

为防止某些可能引起事故的误操作或防止某些动作(这些动作能引起超过保护系统能力的事故)，此时采取安全联锁方式。如在事故工况下，切除功率自动调节系统；当反应堆两个回路的入口温差超过允许值时，禁止投入冷回路。只有当预定条件具备时，安全联锁装置才允许上述影响反应堆的操作或动作。

3. 安全降功率(又称反插)

当反应堆出现较严重的异常工况时，安全保护系统给出安全降功率信号，将所有控制棒以较快速度下插，直到反应堆恢复正常状态为止。同时给出灯光、音响报警信号，并指出事故内容。采取安全降功率保护既防止重大事故或限制事故的扩大，又能维持堆的连续运行，并减少对设备的热冲击，避免暂态中毒等，同时起到双重保护作用。

4. 安全停堆(又称紧急停堆或刹车)

当反应堆出现严重事故，将危及反应堆的安全时，为确保反应堆燃料元件包壳及冷却剂系统压力边界的完整性，采取安全停堆保护方式。如反应堆周期达到或小于 5s；反应堆的压力降低到预设阈值或冷却剂泵全部断电等，安全保护系统必须将所有控制棒以最快速度插入堆芯，停闭反应堆，同时给出灯光、音响报警信号，并指出事故内容。

5. 化学停堆

除上述安全停堆保护方式外，还必须设有后援停堆措施。上述安全停堆措施是将控制棒插入堆芯。如某种原因使一些控制棒驱动机构发生故障或变形，造成部分或全部控制棒卡死，使上述保护方式不起作用。因此，必须设置后援停堆措施。通常采用化学停堆系统。

化学停堆系统是将高中子吸收截面的中子吸收剂——硼酸溶液注入堆芯，使堆停闭。堆芯注入硼酸溶液后，从堆芯除硼是很困难的。所以，只有在上述特殊情况下，才使用化学停堆系统。

6. 工程安全系统

当停堆保护仍不能控制事故后果时，为了限制事故进一步扩大，还必须设置各种工程安全系统，如安全注射系统、堆舱喷淋系统、堆舱隔离系统等，以保证舰船和人员的安全。

7. 手动保护

除上述自动降功率和停堆方式外，还必须设有手动安全降功率和手动停堆等方式。在安全保护系统故障或被切除时，或者事故已发生但保护系统尚未给出保护时，操纵人员可以手动降功率、手动停堆或手动投入一些工程安全系统。

表 6.1 给出某压水堆的一些保护参数、相应的安全保护系统及保护方式等。

表 6.1　某压水堆的保护参数、相应的安全保护系统及保护方式

事故名称	保护参数	保护系统	保护方式
提棒事故	中子功率	超功率流量比保护系统	安全报警、安全降功率、联锁
	堆出口温度	超温保护系统	安全报警、安全降功率、联锁
启动事故	反应堆周期	短周期保护系统	安全停堆、联锁
冷水事故	堆入口温度	入口温差保护系统	联锁
断电事故	电站单机断电	断电保护系统	安全降功率、联锁
	冷却剂泵单泵断电	超功率流量比保护系统	安全报警、安全降功率、联锁
	电站双机断电	断电保护系统	安全停堆、联锁
	冷却剂泵双泵断电	断流保护系统	安全停堆、联锁
断流事故	冷却剂流量	断流保护系统	安全报警、安全停堆、联锁
失水事故	反应堆压力	低压保护系统 安全注射系统	安全报警、安全停堆、联锁
	稳压器水位	低水位报警系统 补水系统	安全报警
	堆舱压力	堆舱高压报警系统 堆舱喷淋系统	安全报警
	堆舱水位	舱高水位保护系统	安全报警
	堆舱剂量	剂量监测系统	安全报警
卡棒事故		化学停堆系统	手动停堆

6.1.4　安全保护系统的范围及基本结构

安全保护系统是用来产生与保护任务有关的必要信号(指那些手动或自动触发安全驱动器和安全系统辅助设施所必需的输出信号，防止反应堆状态超过规定极限或减轻超过安全极限后果的系统。它包括从传感器到安全驱动器输入端(还可到安全系统辅助设施的输入端)的所有设备和线路。

安全保护系统的基本结构如图 6.1 所示。

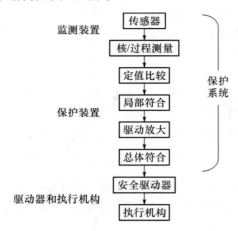

图 6.1　反应堆安全保护系统的基本结构图

安全监测装置由传感器、核参数测量装置、过程参数测量装置以及它们之间的连接电缆等组成。

传感器是用来将保护参数的物理量(如中子注量率、温度、压力等)转换成易于放大和测量的电的或其他形式的信号。例如，测量中子注量率的中子探测器、测量温度的铂电阻温度计等，即属于敏感元件。

核参数测量装置与过程参数测量装置中的信号处理电路实现对传感器输出信号的放大、变换、处理、传输等。如中子功率放大器、反应堆周期测量装置、毫伏变送器等。

甄别部件是将保护参数的测量值与该保护参数的整定值进行比较，并将比较结果转换成开关量输出，如定值器。

安全逻辑装置是由逻辑元件组成的。用来对保护参数的测量值与该保护参数的整定值进行比较，以及完成预定的逻辑功能。它接收一个或多个安全监测装置输出的事故信号或其他与保护有关的信号，经逻辑处理后，输出保护指令信号给一个或多个终端装置。如"三取二"或"四取二"符合逻辑。

终端装置，它接收一个或多个安全逻辑装置输出的保护信号并直接控制保护动作系统。如停堆终端装置和安全降功率终端装置控制控制棒驱动机构；工程安全系统终端装置控制工程安全设施，如安全注射系统、堆舱喷淋系统等。

上述安全保护系统的各部分结构，各保护参数信号的采集、处理与传输等是与核测量系统、过程参数测量系统共用的；停堆和安全降功率终端是与功率控制系统共用的。也不是所有安全保护系统都具备所有的环节结构。如自驱动安全阀，就是保护动作系统直接响应保护参数的。

6.1.5　安全保护系统的一般要求

安全保护系统用来保证反应堆动力装置安全可靠地运行，属于安全级设备。为此必须对安全保护系统提出基本要求。对于船用动力堆，由于它的用途和使用环境不同，除满足一般核动力装置的要求外，还必须满足船用的特殊要求。在设计安全保护系统时，应满足下列一般要求：

(1) 安全保护系统要能根据事故的不同种类和程度，给出相应的保护信号，触发相应的保护动作系统。这要求保护系统既要保证保护参数在安全极限以内，又要尽可能保证堆的连续运行。

(2) 安全保护系统必须具有高度的可靠性，当反应堆需要保护时，安全保护系统应能迅速准确地给出保护信号，不拒动；同时又希望保护系统不发生误动故障。一旦发生误动故障，保护系统不应发出误动保护信号，以保证反应堆的连续运行。在设计过程中，必须采取足够的措施保证系统的可靠性。

(3) 安全保护系统必须有足够小的响应时间和一定的精度。由于反应堆事故发展的快速性，要求安全保护系统在反应堆出现事故时，必须迅速地实施相应的保护措施。

(4) 安全保护系统功能不应被其他任何系统所干扰，安全保护系统的动作不应被其他任何动作所影响。为此，安全保护系统必须具有独立性和足够的抗干扰能力。

(5) 对于船用堆，保护参数的保护定值要有足够大的安全裕度，并尽量少采用安全停堆的保护方式，以保证反应堆的连续运行。

(6) 触发安全保护系统动作的保护信号，除了由安全保护系统自动给出外，还必须设置远距离和就地手动触发设施。如手动安全降功率、手动启动各种工程安全设施等。

(7) 安全保护系统应能及时地、清晰地显示发生的事故，并用不同颜色区别事故的严重程度，以便于操纵员分析处理。

(8) 保护参数应尽可能直接测量，并能够自动或手动记录。尤其是事故状态，以便于对事故进行分析。

(9) 安全保护系统的装置尽可能做到尺寸小、重量轻、结构简单、便于维修，部件应标准化，尽量减少备品的种类和数量。装置应符合耐冲击、抗振动、防盐雾、湿热、霉菌、防水、功耗低等船用条件。

6.2　反应堆安全保护系统设计准则

保护系统设计原则都是从保证反应堆保护系统安全、可靠这一基本出发点考虑的。对于船用压水堆，运行的安全性和连续性是极为重要的。安全保护系统具有完善的功能和足够的可靠性是主要的必备条件。

6.2.1　安全保护系统的可靠性

安全保护系统必须具有完善的功能和足够的可靠性，安全保护系统的可靠性是安全保护系统的重要品质指标，它可用安全性和使用可靠性来表征。

安全性是指系统不会发生非安全故障的特性，而使用可靠性是指系统不会发生安全故障的特性。因此安全保护系统的可靠性是指系统既不会发生安全故障，又不会发生非安全故障的特性。

安全故障：是保护系统内一种增加安全动作概率的故障，即可能引起系统动作的故障。它影响到核动力装置的连续运行，虽然安全故障使反应堆处于安全状态，但却使舰船失去动力，严重影响到舰船的战斗力，使整个舰船处于不安全状态。因此，在设计时，必须采取措施严格限制安全故障率。通常规定动力堆安全故障率不大于 1 次/年。

非安全故障：是指安全保护系统内的故障，当出现异常工况时，使安全保护系统减少安全动作的故障，即可能引起系统拒动的故障。非安全故障可能使反应堆失去保护。因此也必须从设计上采取措施，严格控制非安全故障率。

6.2.2 安全保护系统的设计依据

不同的反应堆要求有不同的安全保护系统。设计一个具体的安全保护系统，必须以被保护对象的具体情况及特点提出的要求作为依据。

核动力装置安全保护系统的设计依据至少应包括：

(1) 需要保护的核动力装置的状态及保护动作。

(2) 为提供保护动作所要求的监测变量(如中子注量率、冷却剂流量、压力、温度等)，监测变量所需敏感元件的最少数目及布置。

(3) 监测变量的变化范围和极限以及保护动作整定值。

(4) 在正常状态、异常状态和事故状态下，电源与环境条件(如电压、频率、湿度、温度、压力、振动、冲击，电磁干扰、辐射场等)的稳态及动态变化范围。

(5) 会使保护系统中元件机构损坏或使环境条件改变导致保护性能下降的事故或其他非常事件(如火灾、爆炸、飞射物、水淹、海啸、台风及生物危害等)。

(6) 保护系统最低性能要求，它应包括下列各项：

① 系统精度；

② 系统响应时间；

③ 在正常状态、异常状态和事故状态下，系统应适应的监测变量数值范围和变化率范围。

上述既是设计的依据，又是衡量系统是否满足要求的基本条件。

6.2.3 安全保护系统的设计准则

为了获得具有足够可靠性的安全保护系统，必须遵循一定的设计准则进行设计，为此，对安全保护系统设计应遵循一定的设计准则和规范。概括起来主要包括以下几个方面：

1. 单一故障准则

保护系统内单一故障或单一事件引起的多故障不得妨碍系统完成保护动作。单一故障的概念似乎极为简单，但应用起来却是非常困难的，它可以是通道内的任一小部件，也可以是保护系统的任一通道。单一故障的概念也扩展到包括共模故障，其中单一事件引起多个部件故障，故障原因可能是共模故障。所谓共模故障就是由共同原因引起的故障。

单一故障准则是安全保护系统可靠性的前提条件。

2. 冗余

提高可靠性的一种有效方法是采用冗余技术。冗余是满足单一故障准则的前提条件，冗余是由多个相同装置来完成同一功能，使得一个或几个装置故障不会引起给定功能失效。冗余就是重复，但又区别于重复。冗余包括安全监测装置的冗余、安全逻辑装置的冗余和整个系统的冗余。

3. 符合

保护系统设计必须满足使用可靠性和安全性这两方面的要求，增加使用可靠性或免除安全故障后果的一个重要方法是采用符合。符合是一种逻辑功能，同时有两个或多个重复信号相一致，才能给出某个信号或引起某个保护动作。冗余符合技术为满足单一故障准则提供了保障，同时，采用符合后也便于在线检查。

对于三个通道的保护系统，可以采用"三取二"符合逻辑；对于四个通道的保护系统，可采用"四取二"符合逻辑。对于只在短时间内起保护作用的保护变量可不采用符合技术，也可采用单通道保护("一取一"逻辑)。如高压保护的安全阀。

4. 故障安全准则

保护系统的设计应保证在保护系统故障时，仍能保证反应堆处于安全状态。这样在设计时，选择使一个装置通电还是断电来触发保护动作，是故障安全部件和系统设计的一个重要方面。在停堆保护中，通常选择断电触发保护动作，以满足故障安全准则。

5. 多样性

多样性是克服性能故障和共模故障的一种防护手段。性能故障是由设计者设计产生的故障，当故障发生时，虽然保护系统按照设计的那样工作，但并不能对反应堆进行充分的保护。

多样性包括设备的多样性、功能的多样性、操作管理的多样性和设计管理的多样性等。

设备的多样性：可用不同类型的设备来测量相同的变量，进行相同的逻辑判断或执行相同的保护动作。设备的多样性可以从结构、物理特性、制造厂、工作原理等方面来考虑。设备的多样性对设计缺陷那样的共模故障提供了防护手段。

通常把设备的多样性应用到靠近反应堆的敏感元件和执行器上，比应用到放大器、继电器、断路器等上更有价值，因为后者都是比较标准化的和技术比较成熟的。国外的一些经验表明，把设备多样性应用于仪表通道，例如机械的、气动的和电气的仪表通道，不会使系统的可靠性产生显著的变化。在某些情况下，当一种装置在某一特定功能方面远好于所有其他装置时，就必须用相同的部件，在这种情况下，相同的部件应该限制到只适用于那一个装置，而且该装置的故障方式应该充分地予以评价。应用不同的设备可能会增加系统的复杂性，并可能在运行或维修方面导致错误，当设计保护系统时，设计者必须考虑所有这些因素，且必须进行权衡。

功能的多样性：功能多样性包括应用一个以上的变量来检测一个特定的事故状况。由于功能多样性消除了对一个变量或推导链的计算特性的依赖性，所以它可能是对性能故障和共模故障的一种最好的防护手段。不同的变量可以检测设计中没有包括的异常事故，功能多样性也可提供对维修错误、设计缺陷以及外部事件的故障保护。但是，为满足多样性而使用附加的变量有一个缺点，就是会增加保护参数的数目，因而增加了误动作的可能性。

功能的多样性也包括应用不同类型的保护动作来完成相同的保护功能。执行器类的多样性可以减少对一种执行器预计作用的依赖性，以及提供所提到的关于变量多样性的好处。例如，停堆保护中压水堆使用安全棒和液体毒物注入、气冷堆使用安全棒和颗粒毒物注入、压管式反应堆使用安全棒和慢化剂排放等。

操作管理的多样性：可以采用不同的人执行一定的任务，或要求第二个人去校核第一个人的工作的管理方法。

设计管理的多样性：对一个系统，设计者和审核者的"多样性"有助于减少性能故障的可能性。

6. 独立性

独立性包括冗余通道的独立性和保护系统的独立性。

通道的独立性是使用冗余技术的前提，它能消除各冗余部分间有害的相互作用，是克服由单故障引起多故障的重要措施。为同一保护功能提供信号的冗余通道间在电气上必须是相互隔离的，在实体上应采用距离、屏障等方法相互隔离。

电气隔离的目的是防止各冗余通道间的电磁感应、静电耦合、短路、开路、接地等的相互影响，因此，必须做到隔离装置输出端的任何可能的故障(开路、短路、接地、出现最大可能的电压等)都不影响输入端所连设备的正常工作，各冗余通道的电源必须相互独立，各冗余通道信号的参考零线也应相互独立，并与保护装置的机壳分开。

实体或结构上独立的目的是防止火灾、机械损伤造成的影响和检查维修时可能出现的误操作等。

保护系统与控制系统和其他系统之间，在电气上和结构上也应相互独立，尽量避免相互连接。若不可避免时，应采取相应的隔离措施。对于受保护系统和控制系统双重控制的设备，保护系统要求的动作必须优先于控制系统要求的动作。

7. 保护系统与控制系统的相互关系

尽量避免保护系统与控制系统的相互联结，否则，任何兼有保护和控制功能的设备应归为保护系统的一部分，并满足保护系统的要求。

由保护系统传递给控制系统的信号要通过隔离装置，隔离装置应归为保护系统的一部分，并满足通道独立性中隔离规定的要求。

当单一随机故障引起控制系统动作，从而造成要求保护动作的工况，同时又使为该工况而设计的保护系统中的一个通道不能正确动作。在这种情况下，其余的冗余通道应仍然能提供保护动作。

受保护系统和控制系统双重控制的设备，保护系统必须优先于控制系统要求的动作。

8. 电缆隔离与屏蔽

保护系统内部各冗余部分的电缆(电线)之间、保护系统与其他系统的电缆(电线)之间进行隔离。保护系统的电缆与电线应根据需要加以屏蔽和保护，并作明显标记，分组排列。

9. 变量的测量

用于保护系统的变量应连续测量，尽量从直接测量中获得，并尽可能单独使用，不作其他功能。

10. 在线检查与维修

在线检查是指安全保护系统在运行过程中，手动或自动对其功能进行检查和校验，且不影响保护系统的保护能力和反应堆的运行。

反应堆保护系统是长期运行的设备，由于各种原因，元器件的损坏是不可避免的，因此，为了保证保护系统的可靠性，防止故障积累和因其而发生总的保护系统故障，必须定期进行检查，及时发现和排除故障，使系统处于正常的状态。

设备维修不仅在检查过程中发现部件故障时需要，而且在根据设备的平均寿命和系统运行经验所确定的固定时间间隔里也需要。后者是预防性维修的一种形式，在这里，部件在实际发生故障之前就按规定予以更换。

11. 系统可靠性

对保护系统的可靠性应进行定性分析和定量分析。系统的安全故障和非安全故障应达到设计要求。

12. 运行旁通

如果运行需要某些保护功能自动或手动旁通，只有当允许条件满足时才能启动旁通，允许条件不满足时旁通必须自动切除。完成这一自动切除的装置应是保护系统的一部分，应符合本标准的要求。在控制室应设置旁通指示。

13. 维修旁通

在动力装置维修期间，为了维修、试验或校准的目的，允许旁通保护系统的任何一个通道。引入维修旁通后，动力装置应仍然受到保护。在控制室应设置旁通指示。

14. 保护动作的完成

保护系统一旦触发，系统的保护动作就应完成，使其恢复到动作前的状态应通过运行人员的操作。

15. 手动触发

除自动触发外，对安全停堆系统和专设安全设施驱动系统的每个保护动作，还应设置手动触发。手动触发线路应符合单一故障准则，与自动触发共用的设备应尽量少(最好只限于安全驱动器)，手动触发应操作简便。使用设备少，操作部件应置于醒目而可靠的位置。

16. 应急控制点

在控制室外还必须设置应急控制点，以便在控制室不能执行其安全功能时，能使反应堆安全停堆，确保反应堆安全。

17. 信息

保护系统应能准确、完整和及时地向运行人员提供它本身的状态和核动力装置安全方面的有关信息。显示应置于运行人员便于观察的位置，主要指示仪表应有夜光显示。需要时可使用音响报警，报警响度应超过舱室内噪声响度，用不同的灯光颜色和声调来区别不同等级的报警。

18. 电源

保护系统应接可靠电源，并应监督其正常供电条件。供电不正常时应发出报警。

19. 保护系统的切除

根据需要允许将保护系统切除。实施切除的装置应能可靠地完成切除任务。

上述设计准则是设计安全保护系统的基本原则，既是设计中应遵循的原则，又是衡量安全保护系统设计质量的标准。

6.3 保护系统设计的典型结构

随着我国核能事业的发展，安全保护系统日趋完善。从结构形式看，有单通道安全保护系统、冗余安全保护系统、冗余总体符合逻辑安全保护系统、冗余局部符合逻辑安全保护系统。从使用元件上看，早期使用电子管、继电器，继而使用磁放大器，20 世纪70 年代以后则使用晶体管、集成电路及一些新的智能逻辑控制元件等。进入 90 年代以后，数字化保护系统开始得到研制并逐步推广应用。

本节将介绍安全保护系统的几种典型结构、工作原理和它们的特点。

6.3.1 单通道安全保护系统

以冷却剂流量低安全报警系统为例，图 6.2 给出了一个典型的单通道安全保护系统结构图。

图 6.2　单通道安全报警系统结构图

该系统由差压计、开方器、定值器、逻辑"否"元件及信号报警装置组成。冷却剂流量信号正常时，该系统无报警信号输出。当冷却剂流量信号低于保护定值时，定值器动作，输出低电平"0"信号给逻辑"否"元件，从而输出相应的报警信号，触发报警装置中相应的报警线路，使光字牌亮、警铃响。

从系统结构上看，当系统任一单元发生误动故障时，系统就误动，给出报警信号；当任一单元发生拒动故障时，系统失去保护功能，不能报警。

单通道安全保护系统结构简单，但可靠性差，不能满足单故障准则要求，通常只作安全报警系统。

6.3.2 冗余安全保护系统

为了提高系统的可靠性，减少非安全故障率，通常采用冗余安全保护系统，即同一个保护参数，重复设置多个完全相同的保护通道，同时进行保护。

图 6.3 给出一个典型的冗余安全保护系统结构图。它是一个源量程短周期保护系统，

它有三个独立的测量通道，每个测量通道由一个周期测量装置和一个定值器组成。三个定值器的输出并联在一起，经刹车母线接保护系统终端装置。

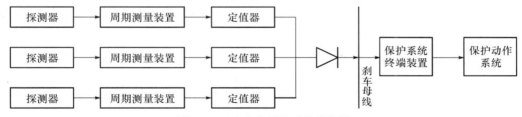

图 6.3　冗余安全保护系统结构图

从系统的结构形式看，假如其中一个或两个通道发生拒动故障，只要还有一个通道正常，在反应堆出现短周期事故时，仍可以保证反应堆的安全。显然通道越多，整个系统发生非安全故障率越低。但这种冗余保护系统，只要有一个通道发生误动故障，系统就会给出紧急停堆信号，造成误停堆。系统的通道越多，系统的误动率即安全故障率越高，这影响反应堆的连续运行。

由上面分析看出，由于采用了冗余技术，冗余安全保护系统的非安全故障率低，安全故障率高，因此，通常只用于工作时间较短的保护中。例如，因为短周期保护系统只在启堆过程中投入，启堆后就切除，工作时间短，可通过启堆前的检查排除故障，保证系统的可靠性。所以，冗余安全保护系统的结构形式仍不能满足系统可靠性的要求，而且结构简单。

冗余是保证反应堆安全保护系统满足单一故障准则的必备条件。

6.3.3　冗余总体符合逻辑安全保护系统

为了克服冗余安全保护系统安全故障率高的缺点，将冗余与一定的符合技术结合起来，就可大大提高系统的可靠性。

冗余符合逻辑安全保护系统可以采用两种不同的结构形式。一种称为总体符合逻辑安全保护系统，另一种称为局部符合逻辑安全保护系统。由于结构不同，性能上也有差别。下面介绍总体符合逻辑安全保护系统的典型结构。

图 6.4 给出一个总体符合逻辑安全保护系统。

该系统各保护参数均有三个独立测量通道，其输出分别给三个"或"门的输入端，同一个"或"门的各输入端分别接各保护参数的一个监测通道。三个"或"门输出的信号经"三取二"符合逻辑处理，再输出保护信号给安全保护系统终端装置，经终端装置去触发安全保护动作系统。

由于冗余符合逻辑安全保护系统，采用了冗余符合技术，当任一通道故障时，系统不会误动，也不会拒动。这就使该系统"三取二"部件之前的部分满足了单故障准则。因此冗余符合逻辑安全保护系统提高了系统的可靠性。

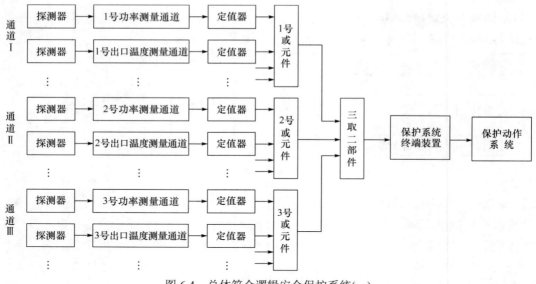

图 6.4　总体符合逻辑安全保护系统(一)

图 6.5 给出另一种形式的总体符合逻辑安全保护系统。

该系统有四个独立的通道,每个通道均有各保护参数的一个测量通道,测量通道由敏感元件、运算器、越限报警定值器等组成。各测量通道的输出信号经二极管高选器送给刹车定值器。刹车定值器控制保护系统终端装置的接触器。每个接触器有两个常开触点,四个通道的接触器触点经串并联组成四条并联电路。

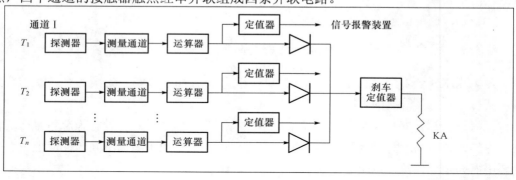

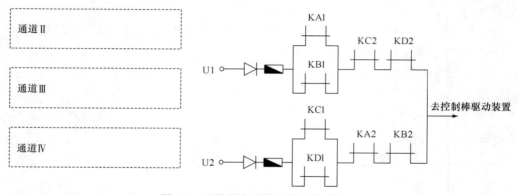

图 6.5　总体符合逻辑安全保护系统(二)

当核动力装置发生事故时，相应保护参数达到或超过保护定值，越限定值器给出越限报警信号，同时运算器输出信号经高选器，使刹车定值器动作，输出低电位(满足保护系统安全准则)，接触器释放，常开触点断开，终端装置的四条并联电路断开，控制棒因失去电源而掉棒，实现了紧急停堆保护。

从上述电路看出，一个通道只有一个刹车定值器。这样，各保护参数运算器输出的信号，必须有相同的保护定值和动作方向，这就要求运算器对测量信号进行加位移和反向处理。

该系统四个刹车接触器的八对常开触点组成的四条并联电路，形成了"四取二"符合逻辑。当任一通道发生误动故障时，不会造成系统误动；当有一个或两个通道发生拒动故障时，只要有两个通道正常，系统就不会发生拒动。该系统满足单故障准则，提高了系统的可靠性。

从上面分析看出，总体符合逻辑安全保护系统，具有结构比较简单、使用元器件较少等优点。但是，由于采用总体符合逻辑，不同通道中两个不同保护参数的保护系统误动时，将造成系统的误动，因此，总体符合逻辑安全保护系统的误动故障率比较高。例如，图 6.4 中，如果通道 I 中的 1 号功率保护通道和通道 II 中的 2 号出口温度保护通道产生了误动作信号，尽管分别对功率保护和出口超温保护来说，均为单一故障，但最终仍会产生保护的误动作，即从总体上仍不满足单一故障准则。

总体符合逻辑系统对应不同保护参数的各通道还需专门设置越限定值器，为信号报警装置提供事故显示信号。

6.3.4　冗余局部符合逻辑安全保护系统

局部符合逻辑安全保护系统是将同一保护参数各监测通道输出的保护信号，先进行符合逻辑处理，然后再将各保护系统符合部件输出的保护信号，送给保护系统终端装置，去触发保护动作系统。下面介绍两个典型的冗余局部符合逻辑安全保护系统。

1. 局部符合逻辑安全保护系统

图 6.6 是一个"三取二"局部符合逻辑安全降功率保护系统。图中只给出超功率安全降功率保护系统，其他安全降功率保护系统没有画出。

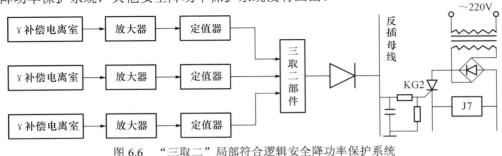

图 6.6　"三取二"局部符合逻辑安全降功率保护系统

超功率安全降功率保护系统有三个监测通道，采用"三取二"局部符合逻辑。由电离室输出的功率信号经放大器放大后去触发定值器，三个定值器的输出信号经"三取二"逻辑部件符合后，输出安全降功率信号给系统终端装置，去触发可控硅 KG2，使控制继

125

电器 J7 有电,再通过 J7 去触发安全降功率保护动作系统。

上述局部符合逻辑安全保护系统,由于采用符合逻辑,使监测通道部分满足单故障准则。任一通道故障,不会造成系统误动或拒动,大大提高了系统的可靠性。但是,由于其他反插保护系统的逻辑输出保护信号均送给同一反插母线,使得反插保护系统"三取二"部件之后不满足单故障准则。

2. 局部加总体符合逻辑安全保护系统

图 6.7 是采用了两次"三取二"的局部加总体符合逻辑安全停堆保护系统。

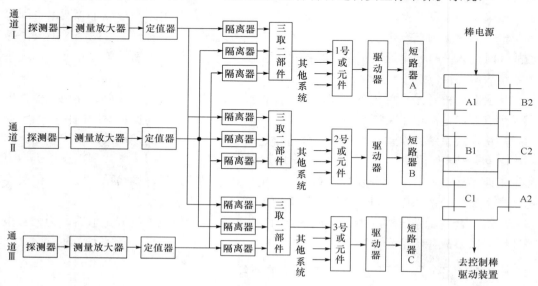

图 6.7 "三取二"局部符合逻辑安全停堆保护系统

该系统的每个保护参数有三个重复的监测通道,监测通道输出的保护信号经光电耦合器隔离后,送到三个"三取二"符合逻辑部件进行符合,然后再输入到三路"或"门电路与其他保护参数的保护信号符合,三个"或"门分别控制三个停堆断路器的驱动装置,控制断路器通断,每个断路器有两个常闭触点,三个断路器的六个触点(A1、A2、B1、B2、C1、C2)按图所示方式串并联,使驱动装置也采用了"三取二"符合原则。

该系统采用光电耦合器进行隔离,使监测装置与安全逻辑装置之间、系统各通道之间都各自独立,并配备独立的电源供电,保证了各装置、各通道的独立性。

该装置从敏感元件到终端均重复设置了三个通道,两次使用了"三取二"符合逻辑,使整个系统满足单故障准则,大大提高了系统的可靠性。

通过以上保护系统几种典型结构的分析可以看出,为了保证反应堆安全保护系统的可靠性,在设计中广泛采用 $m/n(m<n)$ 符合逻辑电路,如"二取一"(1/2),"三取二"(2/3),"四取二"(2/4)等。甚至采用双重符合电路,如"双重二取一"(2×1/2),"双重三取二"(2×2/3)等。

表 6.2 给出不同符合逻辑结构的故障概率一览表。由表中所列数据表明:采用符合逻辑后比单通道的非安全故障概率和安全故障概率都有较明显的下降。

表 6.2　常用符合逻辑故障概率一览表

符合逻辑	非安全故障率	安全故障率
单通道(1/1)	$q(T)$	$p(T)$
二取一(1/2)	$q^2(T)$	$2p(T)$
二取二(2/2)	$2q(T)$	$p^2(T)$
三取一(1/3)	$q^3(T)$	$3p(T)$
三取二(2/3)	$3q^2(T)$	$3p^2(T)$
四取二(2/4)	$4q^3(T)$	$6p^2(T)$
双重二取一(2×1/2)	$2q^2(T)$	$4p^2(T)$
双重三取一(2×1/3)	$2q^3(T)$	$9p^2(T)$
双重三取二(2×2/3)	$6q^2(T)$	$9p^3(T)$

6.4　船用压水堆安全保护系统

对于船用压水堆，反应堆及其动力装置的安全可靠性将直接影响到舰船的生命力、战斗力和总体性能，也直接关系到舰船人员的生命安全和政治影响。所以在运行中，为保证反应堆的安全，保护系统必须能够连续监测反应堆的主要运行参数，以防止超过规定的安全极限或限制超过安全极限造成的后果。

6.4.1　保护方式与保护参数

当反应堆出现事故时，要根据事故的严重程度，采取相应的保护方式，以保证反应堆的安全，同时还要考虑反应堆的连续运行。船用压水堆采用的保护方式一般有安全报警、安全联锁、安全降功率和安全停堆。

安全降功率措施是当反应堆出现较严重的异常工况时，且这种异常工况通过快速降低反应堆功率就可有效抑制其发展时，为了保证舰船的安全，维持反应堆的连续运行，安全保护系统给出安全降功率信号，将所有或部分控制棒以最快速度下插，直到反应堆恢复正常状态为止。采取安全降功率保护既防止重大事故或限制事故的扩大，又能维持堆的连续运行，并减少对设备的热冲击，避免暂态中毒等，同时起到双重保护作用。

安全停堆措施一般是将控制棒插入堆芯实现反应堆停闭，如某种原因使一些控制棒驱动机构发生故障或变形，造成部分或全部控制棒卡死，无法实施停堆时，可采用化学停堆系统，将高中子吸收截面的中子吸收剂(硼酸溶液)注入堆芯，使反应堆停闭。由于从堆芯除硼比较困难，所以化学停堆系统仅仅是一种后援停堆措施，只有在上述情况下才使用。当停堆保护仍不能控制事故后果时，为了限制事故进一步扩大，还设置了各种工程安全系统。如安全注射系统、堆舱喷淋系统，堆舱隔离系统等。为了保证反应堆的安全，在保护系统功能失效时，可采用手动方式进行保护。

根据船用压水堆结构和运行的特点，选定的保护参数一般有反应堆核功率、反应堆周期、一回路冷却剂流量、反应堆出口温度、稳压器压力、稳压器水位、主泵状态信号以及堆舱环境参数等。

6.4.2　组成与结构形式

船用压水堆保护系统主要有反应堆超功率保护系统、反应堆短周期保护系统、反应堆出口超温保护系统、冷却剂流量信号处理或断流保护系统、稳压器超压或低压保护系统以及安全注射系统等。另外一般还设有手动检查和自动检查系统。

船用压水堆保护系统的主要设备是反应堆保护装置，反应堆保护装置一般采用互为备用的双机结构形式，反应堆保护装置产生停堆、反插和安注保护信号以及警告和报警信号，停堆和反插保护信号送到棒控系统，安注保护信号送到一回路阀门控制系统，警告和报警信号送到综合报警装置。

船用反应堆保护装置一般的逻辑结构框图如图 6.8 所示。图中，对保护参数一般设置有三个冗余的测量通道，对于警告报警信号一般采用 1/N 逻辑结构，对于保护动作信号和保护动作报警信号一般采用双重 2/3 符合逻辑结构，以保证保护系统的安全可靠。一般设置有手动检查信号输入端、维修旁通和工作旁通，以便进行定值检测调整和维修。目前，数字式保护系统已逐步得到应用，因此，还设置有机内自动测试系统 ATS 的信号输入和输出端。针对某些保护参数，有可能在不同运行工况下有不同的保护定值，因此在保护逻辑电路中，还需引入一些工况状态信号作为联锁信号。

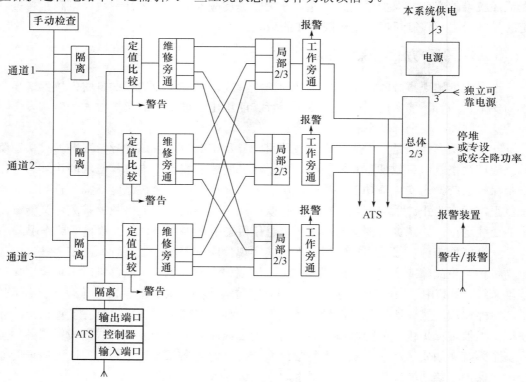

图 6.8　船用反应堆保护装置逻辑结构框图

128

6.4.3 反应堆超功率保护

在正常情况下，冷却剂流量的大小，标志着冷却剂在单位时间内可以从堆芯载出裂变能量的多少。对于船用核动力装置，可以通过改变主泵运行状态来改变冷却剂的流量，因此冷却剂系统有几种流量工况，对应不同的流量工况，冷却剂的载热能力不同。

当反应堆在某种冷却剂流量工况下运行时，由于提棒事故或冷水事故等原因，造成反应堆功率急剧上升，并超过该工况下冷却剂对堆芯的冷却能力时，堆芯温度将上升并超过允许值，此时堆内元件将受损，甚至烧毁堆芯。因此，对应某一冷却剂流量工况，反应堆功率超过某一定值时，要对反应堆实施保护。由于对应不同流量工况，有其相应的功率保护定值，因此超功率保护系统又称超功率流量比保护系统。

反应堆超功率保护一般采用警告、反插两种保护方式。对于警告信号一般采用三取一符合逻辑结构，对于反插保护动作信号和反插报警信号采用双重三取二符合逻辑结构。流量状态信号由流量信号处理及断流保护系统给出，作为反应堆超功率保护的联锁信号。

下面介绍不同流量工况下超功率保护系统的工作原理及逻辑结构。

1. 两泵高速超功率保护

来自核测量系统的三个核功率信号，分别送给超功率保护系统三个独立通道的两泵高速超功率警告定值器和反插定值器，当任一通道的功率达到警告保护定值时，保护系统产生两泵高速超功率警告信号，送信号报警系统。当三个通道中有两个或三个通道的功率超过反插保护定值时，产生三路两泵高速超功率反插信号，经三取二符合逻辑，输出两泵高速超功率反插报警信号到信号报警装置，每个通道产生的所有反插保护信号经 $1/N$ 逻辑处理后，再经固态继电器进行三取二总体符合，以继电器触点形式产生反插信号到棒控系统，驱动相关控制棒反插，使反应堆功率下降。当功率下降到安全限值范围内时，保护动作信号撤销，反插停止。

由于两泵高速为全流量工况，该工况下冷却剂对堆芯的冷却能力最强，功率保护定值最大，因此，不需要流量状态信号进行联锁。

2. 一泵高速超功率保护

一泵高速超功率保护与两泵高速超功率保护的原理及逻辑结构基本相同，区别在于保护定值不同，并且增加了一泵高速运行状态联锁信号。只有在一泵高速运行状态时，该系统才输出反插保护动作信号及报警信号。

3. 两泵低速或自然转强迫循环工况超功率保护

两泵低速或自然转强迫循环工况超功率保护与两泵高速超功率保护的原理及逻辑结构基本相同，区别在于保护定值不同，并且增加了两泵低速运行状态和自然转强迫循环工况联锁信号。只有在两泵低速或自然转强迫循环工况运行状态时，该系统才输出反插保护动作信号及报警信号。

4. 一泵低速或强迫转自然循环工况超功率保护

一泵低速或强迫转自然循环工况超功率保护与两泵高速超功率保护的原理及逻辑结构基本相同，区别在于保护定值不同，并且增加了一泵低速运行状态和强迫转自然循环工况联锁信号。只有在一泵低速或强迫转自然循环工况运行状态时，该系统才输出反插保护动作信号及报警信号。

6.4.4　反应堆短周期保护

反应堆周期反映了反应堆功率变化的速度，当反应堆提升功率，特别是启堆运行过程中，如果在临界状态附近提升控制棒引入正反应性过大，就会使反应堆功率增加过快，即反应堆周期过短，引入的反应性达到一定数值时，就会使反应堆进入瞬发临界，造成反应堆功率增长不可控制的局面，这就是所谓的短周期事故。同时堆内结构材料存在内应力，不允许堆芯温度升高过快。

反应堆周期信号由核仪表系统的源区核测量装置和中间区核测量装置给出。

源区段有两个计数管测量通道，当两个通道的周期信号均超过整定值，给出源区段短周期紧急停堆保护信号，通过停堆保护线路使反应堆紧急停闭；中间区段有三个裂变室测量通道，当三个测量通道中有两个或三个通道的周期信号超过整定值，给出中间区段短周期紧急停堆保护信号，通过停堆保护线路使反应堆紧急停闭。短周期停堆功能一般在启堆时投入，可以通过综合显示控制台上的切除周期保护开关手动闭锁，闭锁时控制室有信号指示。

6.4.5　冷却剂流量信号处理及断流保护

对于反应堆某一功率水平，冷却剂系统应在相应的流量工况下运行。由于冷却剂管道堵塞或阀门故障等原因，使冷却剂流量下降，单位时间内冷却剂从堆芯载出热量下降，如果反应堆运行功率保持不变，则当流量低于某一值时，将造成堆芯超温事故。因此，当冷却剂流量低于允许值时，必须对反应堆实施保护。

冷却剂流量低保护一般采用警告和停堆两种保护方式，保护定值根据主泵的运行状态，分为高速流量低和低速流量低两种保护定值，逻辑结构与超功率保护相同，主泵运行状态信号作为保护的联锁信号，同时根据主泵状态信号和流量信号给出流量状态信号作为超功率保护的联锁信号。

船用反应堆一般有两条环路，每条环路各设置三个流量测量通道，按双重三取二逻辑处理，当运行的环路均低于流量保护定值，并存在强迫循环工况允许信号(P_f)时，给出反应堆冷却剂流量低刹车保护信号，通过停堆保护线路使反应堆停闭。在自然循环或过渡工况中，由于P_f的消失，该功能被自动闭锁。

6.4.6　反应堆出口超温保护

反应堆出口处冷却剂温度，间接地反映了堆芯的温度。堆出口温度高，说明堆芯温度高，当温度超过一定值时，会造成堆芯烧毁事故。因此，当反应堆出口温度超过给定值时，应采取相应的保护措施。

保护方式根据反应堆物理热工的分析计算确定，对于有自然循环能力的核动力装置，反应堆冷却剂出口超温保护一般采用警告和刹车两种保护方式。

在强迫循环和非强迫循环(自然循环以及在自然与强迫循环转换过程中)运行工况下，分别选用不同的保护定值。逻辑结构与其他保护系统相同，采用了运行工况信号作为联锁信号。

6.4.7 低压保护

反应堆一回路系统的管道破损、阀门泄漏、压力调节系统失灵等原因，都可能造成反应堆一回路系统压力降低，在一定的功率水平下，压力低会造成堆芯体积沸腾，破坏堆芯的冷却条件，引起堆芯烧毁事故。所以，当稳压器压力低于一定值时，应采取相应的保护措施。在船用反应堆保护系统中，稳压器低压保护一般采用低压警告和低压刹车两种保护方式，逻辑结构与其他系统相同。在反应堆启动过程中，低压保护功能可通过综合显示控制台上的切除低压保护开关手动闭锁，闭锁时控制室有信号指示。

稳压器的压力同时可以通过稳压器压力控制系统进行控制保护，如果压力高，通过打开喷雾阀、释放阀或安全阀来减低压力；如果压力低，可以通过投入电加热器升压。

在一回路压力降低到一定值时，需由低压保护系统给出低压安全注射系统启动信号，投入低压安全注射系统。

6.4.8 保护连锁

由于运行工况的变更，而对某些运行工况不相适应的保护动作实现自动闭锁，或者对其所要求的保护动作实现自动投入。

1. 强迫循环工况允许信号(P_f)

反应堆处于强迫循环工况下产生 P_f 信号，允许下列保护动作的自动投入，当反应堆处于自然循环工况下，P_f 信号自动消失，下列保护动作自动闭锁。

(1) 反应堆冷却剂流量低保护；

(2) 反应堆冷却剂泵断电保护；

(3) 反应堆冷却剂出口温度高保护(强迫循环整定值)。

强迫循环工况存在四种运行状态：两泵高速运行、一泵高速运行、两泵低速运行和一泵低速运行，在上述不同的运行状态下，反应堆超功率反插保护，以功率—流量比的整定值方式完成，因此设置相应泵状态信号：

(1) 一泵高速运行状态信号 P_{1ph}；

(2) 两泵低速运行状态信号 P_{2pl}；

(3) 一泵低速运行状态信号 P_{1pl}。

2. 自然循环工况允许信号(P_n)

反应堆处于自然循环工况下产生 P_n 信号，允许相应于自然循环工况的反应堆超功率反插保护的自动投入。当反应堆处于强迫循环工况下，P_n 信号消失，上述保护动作自动闭锁。

3. 转换过程的状态信号

转换过程存在强迫循环转自然循环工况和自然循环转强迫循环工况。由于这两种转换过程的特性不同，分成下列允许信号：

(1) 强迫循环转自然循环状态信号(P_{FNC})：允许自然循环工况反应堆超功率保护反插自动投入。

(2) 自然循环转强迫循环状态信号(P_{NFC})：允许两泵低速运行工况反应堆超功率保护反插自动投入；自动闭锁短周期保护。

以上介绍了船用压水堆安全保护装置几个典型保护系统的逻辑结构、保护方式和工作原理等。为了保证保护系统的可靠性，一般还设有手动检查和自动检查系统。

6.5 信号报警装置

6.5.1 信号报警装置的用途

信号报警装置是核动力装置综合控制和安全保护系统的重要组成部分，当核动力装置的主要设备和各系统在运行中出现异常或处于事故状态时，信号报警装置能通过报警光字牌灯光和铃响信号及时通知运行操作人员，以便帮助运行人员掌握、分析和判断运行中出现的异常现象，从而采取必要的措施和手段，迅速排除事故，使核动力装置恢复正常运行。同时信号报警装置还用来显示一些装置和系统的运行状态。

6.5.2 对信号报警装置的要求

(1) 对不同的报警信号要用不同颜色的灯光、图像和不同的音响进行显示。例如，对于严重事故用红色光字牌或闪光显示、用警钟或高频喇叭报警等。根据"舰船建造规范"规定，直观显示信号的颜色见表 6.3。

表 6.3 信号报警颜色与含义规范

颜色显示		含义	备注
基本 颜色	红	危险	上限值
	黄	警告	中间值
	绿	工作正常或控制实现	
辅助 颜色	白	预告	下限值
	蓝	带功率	

(2) 显示信号要设置在便于观察的位置；直观显示信号要有足够的亮度；报警信号的音响要有适当的响度，不应被其他噪声所淹没，也不应影响其他信号的通信联络。

(3) 音响的闪光信号只用于报警的开始，要能手动消除音响信号、变闪光为恒光。但对随后发生的事故仍能给出报警信号。灯光显示要能长期保留，直到事故排除后，由操纵人员手动消除。

(4) 信号报警装置与其他系统之间要进行信号隔离，防止相互干扰。

(5) 信号报警装置要性能稳定可靠，并能随时进行检查，以便及时发现和排除故障。

6.5.3 船用核动力信号报警装置

船用核动力装置信号报警一般采用报警光字牌和警铃、警钟。报警光字牌设红、黄、绿三种颜色，分别代表一级报警、二级报警和警告报警。警铃用于警告报警，警钟用于一级和二级报警。信号报警装置具有参数越限报警功能；消灯、消铃功能和查灯、查铃功能；以及自诊断功能等。

图 6.9 给出一种由微处理器组成的信号报警原理线路。报警信号处理是以微处理器为核心，单块处理模块可输入 12 路信号，输入信号经光电隔离，送给微处理器单元进行

综合判断处理。若有越限报警信号，报警信息由接口电路输出，送到台屏上对应的光字牌，使对应的光字牌闪亮、警铃响。按该台屏上的消铃按钮，则响铃停止；按消灯按钮，光字牌闪光变恒光；当报警信号消失，再按消灯按钮，光字牌熄灭。同时，报警回路反馈灯光信息，若输入与输出信息不同，则报警设备故障指示灯亮。

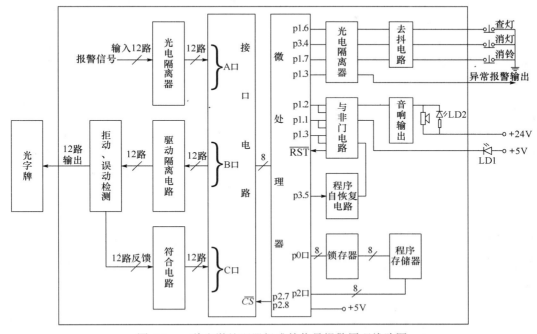

图 6.9　一种由微处理器组成的信号报警原理线路图

复　习　题

1. 反应堆保护系统的功用是什么？
2. 反应堆保护系统一般包括哪些系统？
3. 什么叫保护系统的可靠性？
4. 什么叫安全故障，非安全故障和共模故障？
5. 什么叫单一故障准则，冗余，符合？
6. 保护系统一般有哪几种典型结构？
7. 船用压水堆保护系统一般采用哪些保护方式？
8. 船用压水堆保护系统一般采用哪些保护参数？

第7章 核动力先进仪表与控制技术

在第 1 章曾经简要介绍过，核动力装置控制系统的发展是大致经过了以常规模拟控制组合单元仪表为主的控制系统、以模拟控制和数字控制混合运用的控制系统和全数字控制系统三个阶段。目前，以 AP1000 等第三代核电机组为代表，核动力仪表与控制(I&C)技术正向分布式全数字控制方向发展。

本章以 AP1000 为例，简要介绍核动力先进仪表与控制技术的发展状况，这也代表着船用核动力装置仪表与控制系统的发展方向。

7.1 概　　述

分布式全数字控制系统是指采用数字技术、高级的人机接口技术、网络技术等新近发展起来的各项技术，构成的新一代核电站的I&C系统。世界各国核电设计和机组供应商提出的第三代核电机组无一例外地均采用整体数字化仪表控制系统，其典型代表有法国的N4、欧洲的EPR、美国的AP1000、英国的Sizewell、日本的ABWR等核电机组。我国10MW高温气冷试验堆和田湾核电站等也均已采用整体数字化控制系统。图7.1是N4核电站主控室实景图。图7.2是我国核电仪控系统的发展历程示意图。

图 7.1　法国 N4 核电站主控室实景图

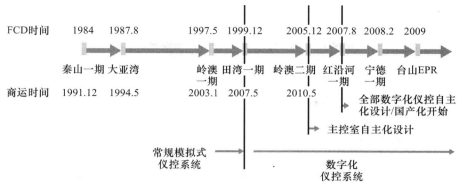

图 7.2 我国核电仪控系统的发展历程示意图

7.1.1 先进 I&C 系统的优势

核动力系统分布式全数字控制的技术特点主要包括：

1. 在仪表控制方面

(1) 全数字一体化控制系统。

(2) 全数字一体化保护系统。

(3) 在线故障诊断与定位技术。

(4) 光纤通信，提高抗干扰能力，使整个系统结构灵活，就地扩充方便，减少电缆数量。

2. 在先进主控室方面

(1) 符合人因工程的人机界面，友好的主控室，对系统进行功能分析和分配及智能化操作，减少人为误操作。

(2) 智能报警与面向状态的事故诊断系统。

(3) 大屏幕显示，通过计算机工程分析，提供实时数据。

经验证明，采用数字化的先进仪表与控制系统可显著提高系统运行的安全性、设备的可靠性、操作的方便性和机组的运行效率，改善人因工程，避免误操作。其技术优势主要体现在以下方面：

1. 提高核动力系统的安全性

(1) 由于全面采用了数字监控技术，克服了干扰和漂移的影响，从而可以提高仪表和控制的精度，增加堆芯安全裕量。

(2) 利用计算机强大的计算和逻辑运算能力，容易实现指导运行和诊断事故的智能系统；采用先进的人机界面，改善人因工程，增加操纵人员判断和操作的正确性，以及处理事故的能力。

(3) 易于实现高级的保护方案，容易实现纵深防御的安全策略。

2. 提高自动化控制水平与可操作性

(1) 由于采用了计算机控制技术，可以完成复杂的数据处理和采用先进的控制算法，改善控制系统性能。

(2) 扩大了反应堆自动控制的范围，增强了负荷自动跟踪能力；提高了核动力系统的运行裕度。

(3) 可以实现核动力系统的自动启停。

3. 提高可维修性与可靠性

(1) 容易实现全程自动试验，满足定期试验要求。

(2) 具有内置的故障测试功能，可使安全壳内设备数量减至最少，以减少维修人员所受辐照量。I&C 系统自诊断功能可以在数秒内把设备故障定位到可更换组件。

(3) 通过维修旁路，允许在线修理而不降低核动力系统的整体自动化水平，可避免由维修而导致停堆。

(4) 采用标准部件进行模块化维修，减少了备品备件的数量，同时备品备件容易从市场上获得。

(5) 广泛应用网络数据通信技术，安全网络与大容量信息主干网隔离，以及抗电磁干扰设计等大大提高了系统的可靠性。

(6) 采用容错技术，能方便有效地实现多重冗余、故障安全和容错等功能。

4. 提高系统的可扩充性与柔性

(1) 硬件功能模块一般都实现了标准化，并且采用多层网络通信，可以按要求方便地增加或修改功能模块的配置。

(2) 局域网络数据通信技术允许将来方便地改变和增加接口。

(3) 容易实现功能扩展和设备升级。

5. 提高经济性

(1) 采用多层网络通信，大大减少电缆的敷设用量，减少常规仪表，节省空间，减少备品备件数量。

(2) 提高反应堆保护系统的运行裕量，增强在线和定期试验能力，缩短试验时间，提高了可用率。

(3) 采用分布式计算机控制系统，具有较好的价格/性能比。

国外 ABB 公司等对核电厂采用先进仪控系统所带来的效益进行过统计分析，结果如表 7.1 所示。

表 7.1　先进仪控系统的优越性

价格因数	效　益
I&C 设备数量	减少 50%
电厂接线	减少 70%
维修计划	缩短 2~4 月
运行人员	减少 33%
维修人员	减少 50% 技术人员
备品备件	减少 50%
强迫停堆	减少 1 次/年

总的来说，核动力先进 I&C 系统在功能上已不仅仅实现传统 I&C 系统的信息获取，更大的优势在于其对信息处理和利用功能的不断拓展。集监控、技术管理和运行支持于一体的整体数字化智能控制系统是核动力 I&C 系统未来的主要发展方向。控制单元不再

是简单的传感器和控制器，而是有一定自主控制、数据管理和通信能力的智能自主体。在仪表及控制系统中提供包括运行故障实时诊断等功能在内的运行操纵支持能力，是世界核能界在 I&C 实现数字化以后探求的下一个目标，是当今先进核动力 I&C 研究领域的一个热门前沿课题。

7.1.2　先进仪控系统的主要硬件技术

在核动力先进 I&C 系统中，大量采用在工业过程监控领域的新技术，主要包括以下方面：

1. 分布式控制系统技术

分布式控制系统，简称 DCS，是为满足大型工业生产和日益复杂的过程控制要求，从综合自动化的角度出发，按控制功能分散、操纵管理集中的原则构思，采用多层分级、合作自治的结构形式，综合计算机、通信网络、终端显示和控制技术等 4C 技术而发展起来的新型控制系统。其具有以下特点：

(1) 采用分级递阶控制、开放的体系结构。其典型的硬件体系结构如图 7.3 所示。

(2) 实现了硬件积木化、软件模块化，可根据具体的应用需求灵活配置搭建控制系统。

(3) 普遍应用通信网络。采用分级多层开放式网络结构，采用标准网络通信协议，并大量应用现场总线。

(4) 采用冗余技术、自诊断技术、抗干扰技术和高性能的元件，可靠性高。

(5) 采用数字化智能仪表，可实现数据采集、控制功能运算、操作监视、报警和控制，一些仪表还包括高级的控制算法。可大大节约现场接线和安装费用，现场信号用通信电缆传送到上一级。

(6) 采用标准化设备并遵循统一的接口标准，具有良好的开放性与柔性。

(7) 在配套监控软件中，应用人工智能技术。采用智能控制算法，以及管理、调度等优化软件包；采用 GUI 图形处理的各种应用软件改善人机界面；应用交互式关系数据库，提高数据的管理水平。

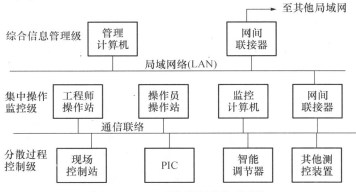

图 7.3　DCS 系统的硬件体系结构

2. 现场总线技术

现场总线是近年来迅速发展起来的一种工业数据总线，它主要解决工业现场的智能化仪器仪表、控制器、执行机构等现场设备间的数字通信以及这些现场控制设备和高级控制系统之间的信息传递问题，所以现场总线既是通信网络，又是自控网络。

现场总线控制系统(Fieldbus Control System, FCS)是由现场总线和现场设备组成的控制系统，最初是 DCS 和 PLC 技术相结合的产物，是分布式控制系统 DCS 后的新一代控制系统。它重点解决了 DCS 系统底层现场设备(传感器、执行器)之间，以及它们与上层网络之间的数据通信问题。

FCS 和 DCS 系统的架构如图 7.4 所示。

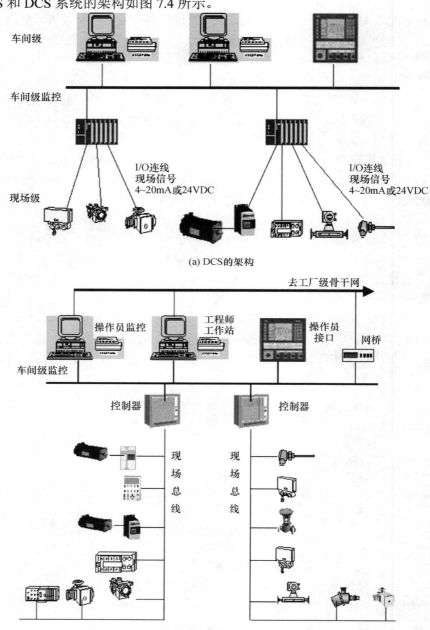

(a) DCS的架构

(b) FCS的架构

图 7.4　FCS 和 DCS 系统的架构对比

在物理结构方面，现场总线系统有两个主要组成部分：现场设备和传输介质。其中现场设备由微处理芯片及外围电路构成；传输介质可以使用双绞线、同轴电缆、光纤等。在现场总线网络通信协议方面，目前已形成若干普遍采用的标准，如德国的 PROFIBUS、CAN，法国的 WORLDFIP，美国的 LonWorks、HART，以及国际统一的 FF 标准协议等。这些总线标准各具特点和适用场合，需要根据具体的应用需求适当选取。

FCS 具有以下技术特点：

(1) 信号传输实现了全数字网络化，并可通信线供电。

(2) 系统结构是全分散式，它废弃了 DCS 的输入／输出单元和控制站，由现场设备或现场仪表取而代之。

(3) 现场设备实现了互通互联，并具有互操作性。

(4) 通信网络为开放式互连网络，既可同层网络互连，也可与不同层网络互连，用户可极方便地共享网络数据库。

(5) 技术和标准实现了全开放，无专利许可要求，可供任何人使用。

由于 FCS 的上述技术特点，它比 DCS 在诸多方面更具优势。两者的对比如表 7.2所示。

表 7.2 FCS 与 DCS 的特性对比

物性	FCS	DCS
结构	一对多：一对传输线接多台仪表，双向传输多个信号	一对一：一对传输线接一台仪表，单向传输一个信号
可靠性	可靠性好：数字信号传输抗干扰能力强，精度高	可靠性差：模拟信号传输不仅精度低，而且容易受干扰
失控状态	操作员在控制室既可以了解现场设备与现场仪表的工作情况，也能对设备进行参数调整，还可以预测或寻找故障，使设备始终处于操作员的过程监控与可控状态之中	操作员在控制室既不了解模拟仪表的工作情况，也不能对其进行参数调整，更不能预测故障，导致操作员对仪表处于"失控"状态
控制	控制功能分散在各个智能仪器中	控制功能集中在各控制站中
互换性	用户可以自由选择不同制造商提供的性能价格比最优的现场设备和仪表，并将不同品牌的仪表互连，实现"即插即用"	尽管模拟仪表统一了信号标准(4~20mA DC)，但是大部分技术参数仍由制造厂自定，致使不同品牌的仪表互换性差
仪表	智能仪表除了具有模拟仪表的检测、变换、补偿等功能外，还具有数字通信能力，并且具有控制和运算能力	模拟仪表只具有检测、变换、补偿等功能

3. 智能仪表

智能仪表是计算机技术与测量仪器相结合的产物，是含有微计算机或微处理器的测量(或检测)仪器，它拥有对数据的存储、运算、逻辑判断及通信等功能，具有一定智能的作用。

智能仪表的主要特点包括：

(1) 测量过程的软件控制：通过 CPU 执行相应的软件指令，控制测量过程，实现了测量和信号处理过程的"以软代硬"，因而灵活性强、可靠性高。

(2) 数据处理：可方便地实现随机误差、系统误差、非线性校准等处理，从而改善测量的精确度；可完成数字滤波、幅度谱、相位谱、功率谱等信号分析，从而可提供更多高质量的信息量。

(3) 多功能化：一机多用，可接入控制网络中。

(4) 通信接口的标准化：智能仪表在提供传统的模拟量信号传输的同时，一般都提供遵循一定数字通信协议(现场总线协议)的数字传输能力。

图 7.5 是罗斯蒙特公司的 3051C 型智能差压变送器的内部结构框图。

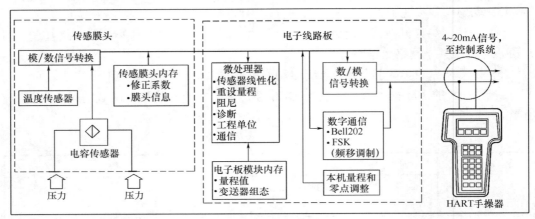

图 7.5　罗斯蒙特公司的 3051C 型智能差压变送器的内部结构框图

智能仪表的应用可节省硬件数量与投资，降低安装和维护费用，并使用户具有高度的系统集成主动权。

7.1.3　核动力先进 I&C 系统中的信息处理技术

由于分布式全数字化 I&C 系统中大量应用了计算机实现信息的传输、存储、管理与计算，具有强大的信息处理能力，具备了应用多种新的信息处理技术基础。因而，核动力先进 I&C 系统的一个明显的发展趋势是信息处理能力不断增强，从而改善监控性能、人机界面，并更好地辅助运行操纵和管理人员完成其任务。

1. 先进控制算法

核动力系统中包含着复杂的核过程和热工水力过程，采用经典的控制理论，需要建立被控对象的数学模型，这往往较困难，或由于建立的数学模型阶数高，难以应用经典的控制理论设计较理想的控制算法。应用先进控制算法总的目标是从实际被控工艺过程特点出发，寻求对模型要求不高、在线计算方便、对过程和环境的不确定性有一定适应能力的控制策略和方法。

因此，针对核动力系统被控工艺过程本身的非线性、时变性、耦合性和不确定性的特点，采用预测控制、推理控制、软测量技术、解耦控制、自适应控制、模糊控制、专家控制和人工神经网络控制等先进控制方法，改善控制效果，是核动力先进 I&C 系统的研究热点之一。

2. 状态监测与故障诊断

实时地监测评估核动力系统设备的技术状态，并在其出现异常的时候及时发现并判明故障原因，对核动力装置的安全运行和维修具有重要的意义。

对核动力系统实现状态监测与故障诊断，其目的是了解系统与设备状态、分析异常现象、诊断故障原因、预测未来趋势，保证安全、避免事故和非计划停机、降低维修费用，实现设备使用寿命预测与管理，实现基于状态的维修。据统计，应用状态监测与故障诊断系统后，设备的故障率可降低 75%，维修费用可降低 25%~50%。

设备状态监测与故障诊断系统的一般构成和原理如图 7.6 所示。

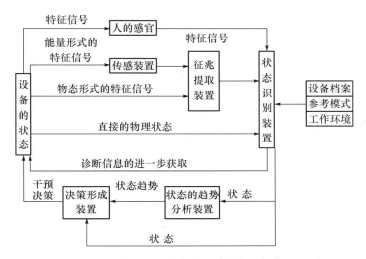

图 7.6　设备状态监测与故障诊断系统的一般构成和原理

3. 核动力运行支持技术

核动力运行支持系统指能在运行人员监督、控制核动力装置的过程中起支持作用的所有系统的总称。其目标包括：

(1) 充分利用计算机系统强大的信息处理能力，应用包括计算机技术、数据处理与分析技术、人工智能在内的各种理论和方法，在线分析和判断反应堆的运行安全状态及重要部件功能的完整性。

(2) 在核动力装置运行过程中的状态监测与评估、故障识别、分析决策及操作执行等各个环节上给操纵人员提供最大的支持，帮助操纵员及时并准确地识别是否发生事故或判断所发生的故障类型，辅助其及时采取正确有效的措施，防止或缓解事故的发生发展。

(3) 辅助运行操纵人员更加正确、高效地完成其使命任务，最大限度地减小人因失误概率，从而提高整个核动力装置的易操作性、安全性和可用性，保证核动力装置在各种情况下的运行安全。

运行支持系统对运行操纵人员的支持方式如图 7.7 所示。

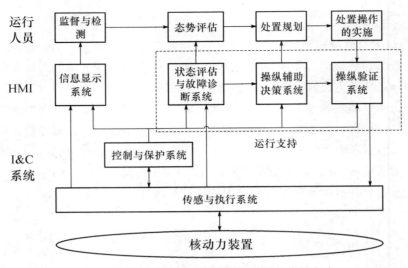

图 7.7　运行支持系统对运行操纵人员的支持方式

核动力运行支持系统主要从以下方面，为运行操纵人员提供相关信息支持：

(1) 报警分析与处理；

(2) 运行故障诊断；

(3) 核动力运行操作决策支持与操作监督；

(4) 堆芯安全状态的监督与分析；

(5) 计算机化的应急操作规程；

(6) 多维信息管理与展示；

(7) 应急操作自动化系统；

(8) 安全参数显示和监督；

(9) 多种参数的辅助计算；

(10) 设备维修支持；

(11) 其他。

7.2　先进压水堆核电厂控制技术

本节以第三代核电机组 AP1000 为例，介绍先进压水堆核电厂的控制技术。

7.2.1　先进压水堆核电厂 AP1000 简介

AP1000 核电厂是美国西屋公司开发的 1000 MW 级非能动安全压水堆核电厂。它采用了成熟的技术，通过简化系统、减少设备，同时，采用非能动方式，简化了专设安全设施，减少了人员干预，显著提升了核电厂安全性和经济性，满足美国用户文件(URD)有关要求。核反应堆内部事件的堆芯熔化频率为 5.08×10^{-7}/堆·年，大规模放射性释放频率为 5.94×10^{-8}/堆·年，发电成本小于 3.6 美分/kW·h。属于第三代核电技术。

AP1000 核电厂主要安全系统采用非能动设计，布置在安全壳内。它是一种先进的"非能动型压水堆核电技术",其最大的特点就是设计简练、易于操作,而且充分利用了诸多"非能动的安全体系",比传统的压水堆安全系统要简单、有效得多。所谓非能动安全系统就是利用重力、自然循环和贮能等方式,不需要专设动力源驱动来完成系统和安全功能执行的系统。

由于采用了模块化建设技术,多头并进实施建设,使先进压水堆核电厂的建设周期大大缩短至 60 个月。这样既进一步提高了核电厂的安全性,同时也能显著降低核电机组建设以及长期运营的成本。采用堆顶测量技术,取消了核反应堆压力容器底部贯穿件。采用一体化堆顶结构,增强结构强度,并减少大修换料操作时间。在设计上考虑了所有的严重事故现象,针对每一严重现象均采取了相应的缓解措施。安全壳是外层为预应力混凝土,内层为钢板的双层结构。

AP1000 核电厂核反应堆采用了单堆布置两环路四进两出的核电机组。每个闭合环路都由一台核反应堆冷却剂泵、一台蒸汽发生器和相应的管道组成。核反应堆堆芯热功率为 3400 MW,上网电功率为 1090MW,设计寿命为 60 年。

核反应堆堆芯采用 157 个燃料组件,燃料组件由 264 根燃料棒、24 根控制棒导向管和 1 根中央测量管组成,排列成 17×17 方阵形式。燃料组件的有效燃料长度为 426.7 cm,平均线功率密度为 188 W/cm。从首炉堆芯开始就具备 18 个月的长燃料循环周期,具备不调硼负荷跟踪能力。

AP1000 压水堆堆芯的反应性是通过控制棒、可溶毒物和可燃毒物棒控制的。控制棒由 53 束控制棒组件和 16 束灰棒组件组成。控制棒组件是由 24 根银—铟—镉(Ag-In-Cd)制成的中子吸收元件组成,也称为黑棒。灰棒组件反应性价值较黑棒低,由 12 根银—铟—镉制成的中子吸收元件和 12 根 304 不锈钢棒组成。

控制棒组件分为调节棒组和停堆棒组。调节棒组用于当核反应堆功率或温度改变时,补偿运行过程中的反应性变化。调节棒分为 Ml, M2 和 AO 共 3 组,其中 Ml 和 M2 组用于堆芯功率控制,AO 组用于轴向偏移控制以实现核反应堆功率分布控制。停堆棒组分为 SDl, SD2, SD3 和 SD4 共 4 组,用于核反应堆停堆。灰棒组分为 MA, MB, MC 和 MD 共 4 组,用于在 30%FP 以上功率运行工况的负荷跟踪。

可溶毒物为核反应堆冷却剂中的硼,它以硼酸形式溶解在冷却剂中,用来改变堆芯反应性。可燃毒物可采用离散型或一体化型或两种类型的可燃吸收材料,用以补偿燃料循环中的部分剩余反应性。所谓一体化可燃吸收体是在燃料芯块表面覆盖一层硼化物。

7.2.2 AP1000 先进压水堆的控制

AP1000 压水堆核电厂控制系统的功能是建立核电厂运行状态,并将相应参数保持在预先设定的限值以内,以保证核电厂的安全性和经济性。主要系统包括核反应堆功率控制系统、稳压器压力和水位控制系统、给水控制系统以及蒸汽排放控制系统等。核反应堆功率运行控制模式包括负荷跟踪、负荷控制和基本负荷运行控制模式。

1. 设计要求

在正常运行瞬态工况下,控制系统能够自动控制核电厂无需手动干预,也不会使相关参数到达保护或设备极限值。在发生某些预期的运行事件时,核电厂控制系统具有高

可靠性并满足以下设计要求:

(1) 功率在 25%FP~100%FP 之间,具有承受从初始功率阶跃下降 10%FP 的能力,功率在 15%FP~90%FP 之间,具有承受从初始功率阶跃上升 10%FP 的能力,而不引起核反应堆停堆或者蒸汽排放。

(2) 核电厂运行在 15%FP~100% FP 之间,能承受速率为 5%FP/min 的负荷线性变化,而不引起核反应堆停堆或者蒸汽排放,但受到堆芯功率分布的限制。

(3) 具有承受甩满负荷而不停堆的能力。

(4) 具有在满功率运行工况下汽轮机停机而不停堆的能力。

(5) 具有依据电网负荷跟踪图跟踪电网的日负荷循环(循环周期为 24 h)的能力。

(6) 满足在 10 min 内增加或减小 20%FP 功率的要求。

(7) 具有应付电网频率变化的能力。

2. 核反应堆功率控制

核反应堆功率控制系统由功率控制和轴向偏移控制两个子系统组成,并分别完成核反应堆功率控制和功率分布控制等功能。

核反应堆功率控制子系统控制 MA, MB, MC, MD, Ml 和 M2 控制棒组;轴向偏移控制子系统控制 AO 控制棒组。在正常运行工况下,通过调节慢化剂中硼浓度使 M 组的后两组灰棒(MC 和 MD)和两组黑棒(Ml 和 M2)保持在接近完全提出的位置;移动 MA 和 MB 两组灰棒到完全插入位置,使 AO 棒组处于稍微插入位置。在负荷跟踪和负荷控制瞬态过程中,功率控制和轴向偏移控制联合动作,控制堆芯功率和轴向偏移。

核反应堆功率控制的被控制量是冷却剂平均温度 T_{av}。冷却剂平均温度参考值 T_{ref},随汽轮机负荷由零功率到满功率线性增加,也称程序参考温度。由每条核反应堆冷却剂环路测得的最高冷却剂平均温度 T_{av} 和程序参考温度 T_{ref} 之间的偏差作为核反应堆功率控制的基本输入变量。控制量为堆芯反应性。功率控制子系统有一个死区,当温度偏差处于死区范围内时,控制棒不移动。当温度偏差变大并超出死区范围时,控制棒移动且棒速也随之增加。控制棒速度在 8~72 步/min 的范围内变化。手动控制时则按预定的固定速度移动一个棒组。

对于负荷跟踪和电网频率变化的瞬态过程,轴向偏移控制子系统通过移动 AO 棒组控制核反应堆轴向功率偏移,将其控制在一个预期的控制范围内。轴向偏移的测量值是轴向偏移控制子系统的输入,然后与轴向偏移控制"窗口"进行比较。当轴向功率偏移超出可接受的控制"窗口"时,就会控制 AO 棒组以固定速度移动,使轴向功率偏移值回到控制"窗口"以内。这个"窗口"是根据经补偿的堆外中子注量率测量值,以及操纵员输入的预期轴向偏移目标值和目标带宽,并考虑运行控制模式(负荷跟踪、负荷控制或者基本负荷)计算得到的。

为了最大限度减少核反应堆功率和轴向偏移控制子系统之间可能的相互干扰,设定功率控制子系统的控制信号优先于轴向偏移控制子系统的控制信号。如果移动功率控制棒的信号存在,那么轴向偏移控制棒就禁止移动。只有当冷却剂平均温度偏差值在核反应堆功率控制死区范围内或相关控制棒组已经停止移动时,才允许移动轴向偏移控制棒。轴向偏移控制棒的移动速度为 8 步/min。

所谓快速降功率是指甩负荷大于 50%FP 的情况下，使核反应堆功率迅速降到蒸汽排放系统有能力处理的水平。快速降功率功能是由快速降功率系统驱动功率控制棒快速插入堆芯实现的。当汽轮机发生大幅度快速降负荷时，快速降功率系统产生一个释放预先选定的控制棒的信号。预先选定的控制棒插入堆芯导致核反应堆功率快速降至接近 50%FP 的功率水平。

大的甩负荷通过一回路与二回路功率失配信号也会触发蒸汽排放系统和核反应堆功率控制系统。开始甩负荷之后，由于冷却剂平均温度程序参考值与核反应堆冷却剂平均温度测量值不匹配，相应的功率控制棒组以受控的方式插入。甩负荷蒸汽排放控制器也以相似的控制方式调节蒸汽排放阀开度，进行蒸汽排放，以防止核反应堆冷却剂温度迅速增加。继续插入控制棒和调节蒸汽排放，直到核反应堆功率降到大约 15%FP。这时控制棒停止插入，通过调节蒸汽排放速率以维持蒸汽流量与热负荷相匹配。

3. 技术特点

归纳起来，AP1000 在仪控系统方面的设计具有以下特点：

(1) 采用非能动的专设安全系统，专设安全设施驱动系统的设计有很大的变化和改进。

(2) 人机接口系统设计采用先进的人因工程学原理，改善了人机接口和运行环境，降低了操纵员的人因错误和负荷强度。

(3) 采用灰棒控制组件，负荷跟踪时不需要调硼，不仅增强了核电厂的负荷跟踪能力，也减少了放射性废水量。

(4) 采用轴向偏移(AO)控制棒组件，使轴向功率分布控制达到完全自动化。

(5) 采用固定式堆芯自给能探测器，它与 BEACON 系统数据处理器相结合能生成完整的反应堆堆芯核功率分布的三维图形，可以实时监测堆芯核功率分布情况。

(6) 采用快速降功率系统，降低了对蒸汽排放能力的要求。

(7) 设置的多样化驱动系统(DAS)，其功能不仅针对不能停堆预期瞬态事件(ATWS)，而且扩大到了不能执行专设安全系统的情况，增大了核电厂的安全性。

(8) 采用大的稳压器容积，在正常的瞬态工况(包括负荷跟踪、变负荷和调频等)下有较好的自稳定性能力。

7.2.3 AP1000 数字化仪表与控制系统

1. 特点

AP1000 核电厂数字化仪表与控制系统采用成熟的数字化技术设计，是一个先进的分布式控制系统(DCS)，由于安全系统采用了非能动设计，许多专设安全设施驱动系统(ESFAS)被简化甚至取消，所以相应的仪表与控制系统也得到简化。由于多样化的安全级、非安全级仪表与控制系统的采用，可避免信息提供和控制操作过程中的共模失效。人机界面设计充分考虑了运行核电厂的经验反馈。

AP1000 数字化仪表与控制系统具有如下特点：

(1) 数字化安全仪表与控制系统采用四取二符合逻辑结构。

(2) 事故后的监测。

(3) 紧凑型主控制室，大屏幕显示屏，人因工程设计。

(4) 先进的报警系统:①遵循重要报警信号优先报警的准则；②尽可能减少报警次数；③报警图标显示于系统和部件图上,并给出灵活的分类列表；④直接进入报警响应程序。

(5) 为防止共模失效:①采用多样化的安全、非安全级仪表与控制系统；②不致引起同样的共模失效；③针对信息和控制的可进入性问题，采用了多样性的人机界面；④针对手动操作的可信任性问题，采取纵深防御的分析措施；⑤仪表与控制系统设计满足NRC 的 HICB BTP-19 的要求。

AP1000 压水堆核电厂数字化仪表与控制系统由 Ovation 平台和 Common Q 平台(Common Qualified Platform)组成。Ovation 平台由控制器、输入输出模件、工作站以及高速通信网络等组成。Ovation 用于核电厂非安全级系统运行参数的监测、显示和控制。Common Q 由 1E 级硬件和软件组成，包括处理器模块、输入输出模块和通信模块等。Common Q 用于核电厂的保护与安全监测。

2. 系统体系架构

AP1000 核电厂数字化仪表与控制系统总体纵向分为四层,其体系架构如图 7.8 所示。

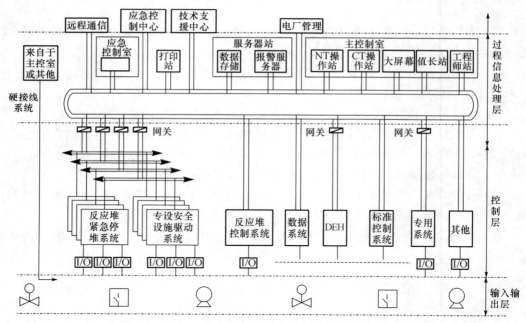

图 7.8　AP1000 核电厂数字化仪表与控制系统体系架构

(1) 现场级(输入/输出层):执行过程输入和输出功能。它是系统级与核电站工艺设备之间信号传递的桥梁。

(2) 系统级(控制层):执行信号采集、数据处理和执行保护与控制功能。该级包括:

　　① 反应堆保护系统；

　　② 数据采集与处理系统

　　③ 反应堆控制系统；

　　④ 汽轮发电机组控制和保护系统；

146

⑤ 承担机组控制和设备保护任务的标准控制系统。

(3) 机组级(过程信息处理层)：处理一个机组的所有数据，执行机组的监测、控制和信息显示功能，是人机接口的界面。包括主控室，数据处理和显示系统以及报警系统，应急控制室等。

(4) 电站级(管理层)：处理所有机组公用数据。

3. 系统的组成

AP1000 核电厂数字化仪表与控制系统主要由数据显示与处理系统、运行控制中心系统、保护与安全监测系统、核电厂控制系统、堆芯仪表系统、特殊监测系统和多样性驱动系统等组成，如图 7.9 所示。

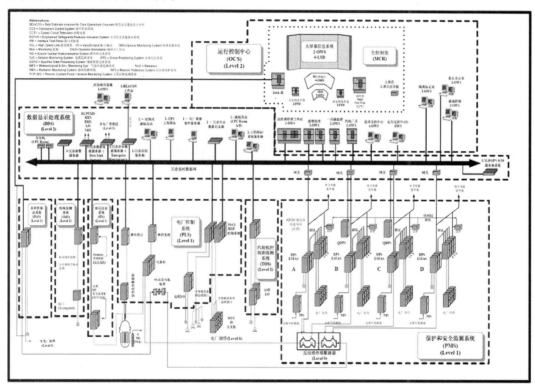

图 7.9　AP1000 核电厂数字化仪表与控制系统总体组成

1. 数据显示与处理系统(DDS)

数据显示与处理系统包括技术支持中心的显示、主控制室显示与远程停堆站显示以及相应的数据处理，还包括了核电厂报警系统显示与处理系统、计算机化的运行与事故处理规程系统以及核电厂分散式计算机系统所执行的各种运行日志记录、历史记录、软件文档的显示与处理。通过网关/网桥与其他核电厂系统连接。

2. 运行控制中心系统(OCS)

运行控制中心系统由主控制室、远程停堆站、应急控制设施、技术支持中心、就地控制站等组成。主控制室是运行控制中心最重要的部分之一，它由操纵员控制台、值班长工作台、大屏幕显示器、控制与显示设备等组成。采用分散式数字化仪表与控制系统以后,主控制室内不再有几十个控制盘(台)、数百个控制开关、按钮及显示记录仪表等,所有的控制将由操纵员在控制台上通过软操作方式执行。

操纵员控制台是主控制室的核心,配置有一组彩色图形显示器及软操作装置(如键盘、鼠标、触摸屏等)。操纵员控制台还配置有先进的报警信息系统,显示核电厂的异常状态以及与报警信号相关的信息。主控制室的布置如图7.10所示。

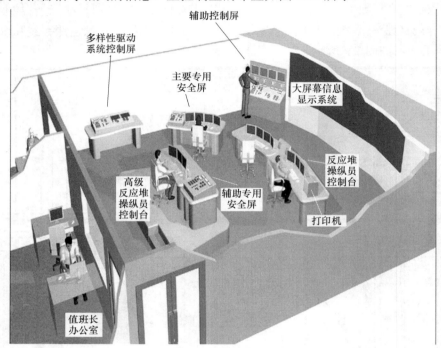

图 7.10 AP1000 主控制室的布置图

3. 保护与安全监测系统(PMS)

保护与安全监测系统属于核安全级(1E 级)系统,执行核反应堆紧急停堆、专设安全设施驱动等功能。系统中的设备(包括传感器、停堆断路器等)都采用四重冗余,按四取二符合逻辑工作,具有很高的可靠性。当其中某个冗余部分或独立通道出现故障时能自动由四取二符合逻辑转为三取二符合逻辑,便于维修与定期试验。

主控制室中还包括有安全级数据显示设备(用于显示保护系统与核电厂重要的安全状态与参数)、多路转换器以及主控制室和远程停堆站的切换盘。

核电厂保护与安全监测系统具有高可靠性和容错能力。这些能力由以下设计特征保证:

(1) 四取二符合逻辑。

(2) 如果有一个通道被旁路或进行试验,核反应堆紧急停堆和专设安全设施驱动逻辑成为三取二符合逻辑。

(3) 专设安全设施驱动符合逻辑被冗余执行。

148

(4) 专设安全设施驱动硬件内部执行部件级逻辑。

4. 核电厂控制系统(PCS)

核电厂控制系统由计算机系统、非安全级仪表与控制设备组成。它为核电厂提供从冷停堆到满功率正常运行所必需的控制功能，可调节反应堆功率、控制稳压器压力与液位、控制主给水流量以及控制蒸汽排放等与发电相关的各种功能，也提供停堆期间非安全的衰变热排出系统的控制。通过主控制室或远程停堆站对非安全相关设备进行控制，既有自动控制方式，也有手动控制方式。

核电厂控制系统中的实时数据通信网络是一个高速冗余通信网络，它把对操纵员有重要意义的各个系统连接起来。该通信网络属于非安全级。安全级系统与实时数据通信网络是通过网关及核安全级隔离器件进行通信联系的，使安全级系统的功能不会因非安全级系统的故障而受影响。

AP1000核电厂的控制系统主要包括反应堆功率控制系统、功率分布控制系统、稳压器压力控制系统、稳压器水位控制系统、蒸汽发生器水位控制系统、蒸汽排放控制系统、汽轮机控制(DEH)系统以及其他控制系统。

5. 堆芯仪表系统(IIS)

堆芯仪表系统包括堆芯中子注量率测量和堆芯温度监测2个系统。堆芯中子注量率测量系统采用的是固定式探测器提供堆芯三维中子注量率分布图，用于标定保护系统的中子探测器以及支持堆芯特性最优化功能。堆芯温度监测系统向保护与安全监测系统提供信号，用于监测事故后堆芯冷却不当状况等。

堆芯中共有42个堆芯仪表金属套管组件，它们的长度都是相等的。每个堆芯仪表金属套管组件包括7个长度递减的钒热中子自给能探测器和一个热电偶。其结构如图7.11所示。

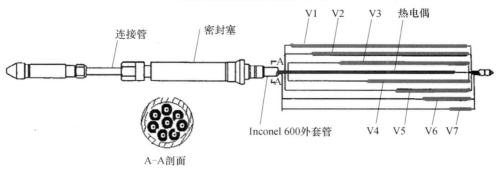

图 7.11　堆芯仪表组件结构图

6. 特殊监测系统(SMS)

特殊监测系统不执行任何安全相关或者纵深防御功能。特殊监测系统包含：

(1) 金属撞击监测系统(DMIMS-DXTM)，用于监测核反应堆冷却剂系统中的金属碎片对系统内部构件的撞击。该系统由探测器、控制器、信号处理器、指示器以及电源组成，其中探测器和信号处理器是冗余的，以保证单个探头或处理器故障时仍能保证监测功能。其测点的分布如图 7.12 所示。

(2) 吊篮振动监测系统(CBVMS)。该系统通过中子噪声测量实现对下述问题的诊断:

① 吊篮压紧弹簧预紧力减小;

② 热屏蔽支承功能的丧失;

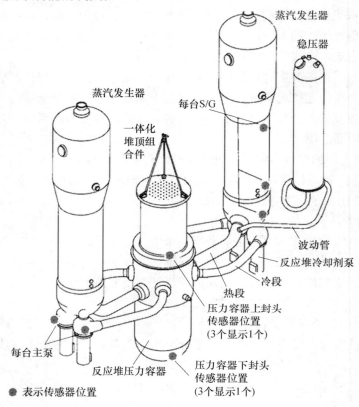

图 7.12　金属撞击监测系统测点分布图

③ 堆芯上、下流态的异常。

(3) 反应堆冷却剂泵监测系统(RCPMS)。该系统在每台泵上各有两个相隔 90°(X 和 Y)加速度传感器作为监测结构振动的传感器,通过监测反应堆冷却剂泵的振动信号评价反应堆冷却剂泵的性能。

7. 多样性驱动系统(DAS)

多样性驱动系统的作用是为保护系统提供一种额外的多样性后备,减小由于保护与控制系统中不太容易出现的假定瞬态和共模故障可能引起的严重事故频率。这也是 AP1000 核电厂在提高安全性措施方面除了非能动设计以外的另一项重要措施。系统是一个基于微处理器构成的冗余结构,是独立的计算机系统。它采用了不同于保护与安全监测系统的结构、硬件和软件。多样性驱动系统虽然执行的是安全功能,但它本身仍属于非安全级。

8. 数据通信网络

AP1000 核电厂的实时数据网络完成数据通信功能。核电厂保护与安全监测系统的网关/网桥连接该安全级系统到非安全实时数据网络，它支持仪表与控制系统的冗余。核电厂保护与安全监测网关有两个子系统：一是安全网关子系统连接核电厂保护系统、专设安全设施符合逻辑、专设安全设施驱动系统以及 1E 级数据处理子系统；二是非安全网关子系统连接实时数据网络。两个子系统之间通过光纤光缆连接。在两个网关子系统之间的主要信息流是从安全子系统到非安全子系统。而从非安全子系统到安全子系统的信息流要做如下限制：

(1) 这些信号只被用于通信控制器，且不会传送到安全系统，对安全系统不起作用。

(2) 主控制室和远程停堆站的操作员控制台是非安全级的。由这里发出的作用于核电厂保护与安全监测系统的软控制输入，必须从非安全级网关传到安全级网关。

核电厂保护与安全监测网关提供 1E 级与非 1E 级之间电气隔离和信息隔离作用。

复 习 题

1. 试述核动力先进 I & C 系统的优越性。
2. 先进 I & C 系统采用了哪些主要的硬件技术？
3. 先进 I & C 系统采用了哪些主要的信息处理技术？
4. AP1000 数字化 I & C 系统具有哪些功能特点？
5. AP1000 数字化 I & C 系统的体系架构是怎样的？
6. AP1000 数字化 I & C 系统的主要组成部分有哪些？

参 考 文 献

[1] 张建民.核反应堆控制[M].北京：原子能出版社，2009.

[2] 傅龙舟.核反应堆控制[M].北京：原子能出版社，1995.

[3] 凌备备.核反应堆工程原理[M].北京：原子能出版社，1989.

[4] 彭敏俊.船舶核动力装置[M].北京：原子能出版社，2009.

[5] 赵福宇.核反应堆动力学[M].西安：西安交通大学出版社，2011.

[6] 黄祖洽.核反应堆动力学基础[M].北京：北京大学出版社，2007.

[7] 胡寿松.自动控制原理[M].北京：科学出版社，2007.

[8] 张大发.船用核反应堆运行与管理[M].哈尔滨：哈尔滨工程大学出版社，1997.